이렇게 공부하는
아이가 이깁니다

일러두기

- 이 책에 나오는 아이들의 이름은 모두 가명입니다. 아이들의 사생활 침해를 막기 위해 가명으로 처리하였습니다.
- 일반적으로 영어유치원을 '영유'라고 부르지만, 정확하게는 국가가 정한 교육과 정을 가르치는 곳이 아닌 학원이기에, 이 책에서는 '유치부'라는 표현을 사용하였 습니다.

결국 해내는 아이들만의 비밀

이렇게 공부하는 아이가 이깁니다

길다혜, 김경미, 김채원, 김현주, 류지호, 문나영,
서민재, 송수옥, 안소연, 윤지숙, 이주희 지음

이너북
INNERBOOK

차례

1부

공부 잘하는 아이, 무엇이 특별할까?

1장. 교육의 오해를 풀다: 아이는 잘못이 없습니다

2부

공부 잘하는 아이,
이렇게 공부합니다

4장. 국영수 정복법: 과목별 맞춤 전략

5장. 돈 주고도 못 배우는 감성 예술 교육

3부

공부를 넘어서는
삶의 지혜

6장. 공부를 넘어서는 삶의 가치

공부 잘하는 아이,
무엇이 특별할까?

1장.

교육의
오해를 풀다

: 아이는 잘못이 없습니다

공부를 잘하고 싶다면
지금 당장 움직여라

한 시골 학교의 혁명

2000년대 초반, 미국의 한 시골 학교가 유명한 사립학교를 제치고 전 세계 학업 성취도에서 높은 성적을 받았다. 이는 한때 '네이퍼빌의 혁명'으로 불리며 미국 전역을 뜨겁게 달구었다. 미국은 학생 스포츠가 굉장히 발달해 일반적인 공립 학교에도 다양한 스포츠팀들이 많다. 고등학교 대항 리그에서도 동네 주민들이 함께 참여해 즐기는 것이 문화일 정도로 미국은 스포츠에 대한 열기가 남다르다. 그런데 스포츠 문화가 발달한 미국에서도 체육 수업의 효율은 굉장히 떨어져 있었다. 스포츠팀 아이들은 따로 훈련하니 일반 체육 수업은 수준이 낮게 느껴졌고, 반대로 운동을 싫어하거나 잘 못하는 학생들은 체육 수업 시간에 소외되기 일쑤였다. 전체적으로 체육 수업은 내부적인 양극화가 있었다.

이때, 네이퍼빌의 체육 교사들은 고민 끝에 체육 수업을 0교시(정규 수업 전에 이루어지는 수업 시간, 영 교시)에 배치하기에 이른다. 선생님들이 택한 해답은 바로 '달리기'였다. 선생님들은 누구나 손쉽게 할 수 있는 달리기를 매개로 체육 수업의 터닝포인트를 만들어 냈다. 0교시 체육 수업에 학생 각자의 속도대로 1.6km 달리기를 하게 했고, 체육 수업이 끝난 후 1교시 수업 때는 수학과 과학처럼 집중력을 요하는 과목을 배치했다.

그러던 어느 날, 이렇게 한 학기 동안 0교시 체육 수업에 참여한 학생들에게 놀라운 변화가 찾아왔다. 읽기 및 문장 이해력은 17% 증가했고, 0교시 체육 수업에 참여하지 않은 학생들보다 무려 두 배나 높은 성적을 받기도 했다. 마침내 네이퍼빌 학생들은 수학과 과학에서 세계 최고 수준의 성취도를 이끌어 냈다. 이 0교시 달리기의 놀라운 효과가 입증되자 일리노이주 교육청에서도 체육 프로그램의 이름을 Learning Readiness, PE라고 명하게 이른다. 공식적으로 배움 준비 체육 수업 즉, 학습을 준비시키는 체육 수업이라는 개념이 생긴 것이다.

그 이후 많은 연구에서 밝혀진 것처럼 심박수를 높이는 운동은 심폐를 건강하게 할 뿐만 아니라, 뇌를 활성화시키는 역할을 했다. 국제학술지 〈네이처 메타볼리즘〉에 따르면 운동 중 생성되는 호르몬은 쥐의 뇌를 염증으로부터 보호한다. 유산소 운동이 뇌를 포함한 신체 전반의 혈류를 개선하고 더불어 염증을 줄이는 것이다. 또한, 미국 하버드 의대의 〈헬스 퍼블리싱〉에서는 '유산소 운동이 인지 기능 향상에 도움이 된다'는 내용을 발표했다.[1]

이처럼 활성화된 뇌는 도파민, 세로토닌 같은 화학물질들을 다량으로 만들어 내며 학업에 유익한 역할을 했다. 조금 극적으로 이야기를 한다면, 체육 교사들이 만들어 낸 뇌세포를 타 과목 교사들이 채우는 격이 되어 학생들의 공부 세포가 나날이 만들어지게 되는 것이다.

25년간 영어로 체육 수업을 하며 깨달을 것들

체육 수업은 아이들의 뇌에만 영향을 미칠까?

필자는 25년간 아이들을 가르쳐온 국내 최초 학습 기반 영어 체육 전문가이다. 필자는 영어교육을 잘 시키는 방법으로 문법이나 독해, 단어가 아닌 체육을 택했다. 우리나라의 아이들은 전 세계 언어학자들이 배우고 싶다고 극찬하는 국어도 아직 다 배우지 못한 채 영어를 배우기 시작한다. 아이들이 한 번도 가본 적 없는, 지구 반대

---

1   https://kormedi.com/1374232

편 나라의 말을 배운다는 자체가 사실 불가능 한 일 아닌가?

이 불가능한 일을 당연한 기적으로 만들어 내는 데 있어, 필자는 아이들이 느끼는 흥미와 행복감을 그 무엇보다 중요한 것으로 생각했다. 필자는 한약방에 감초가 있는 것처럼 체육 수업은 학업에 있어 톡톡한 감초 역할을 한다고 말하고 싶다. 체육으로 영어 수업을 하다 보니 아이들의 정의적인 요소 외에도 체육의 놀라운 순기능을 알게 되었다. 이는 앞서 말한 뇌과학적 이론으로도 충분히 이해되지만, 아이들의 심리적인 요소를 조금만 살펴봐도 체육이 주는 효과를 알 수 있다.

'까꿍 놀이'를 떠올려 보자. 까꿍! 아이가 까르르르 웃는다. 이제 겨우 자라난 밥알 같은 치아 두 개를 활짝 드러내며 아이는 제법 놀이에 적극적이다. 이 놀이는 아장아장 걷는 돌쯤 되는 아이라면 누구나 자지러지게 웃는 가벼운 놀이다.

하지만 이 놀이는 무시무시한 공포를 전제로 한다. 까꿍 놀이를 충분히 즐기기 위해서는 눈앞에서 엄마가 완전히 사라지는 공포를 '마땅히' 배워야 한다. 그래야 완전한 까꿍 놀이를 즐길 준비를 마치게 된다. 엄마가 눈앞에서 사라지는 것에 불안함을 느끼는 아이라면 아마도 놀이가 시작되기도 전에 공포에 질려 울지 않을까?

그런데 수없이 반복된 까꿍 놀이로 아이들은 곧 엄마가 돌아오는 것을 직감적으로 알게 된다. 엄마의 부재가 전혀 불편하지 않다. 이 공포에 아이가 오히려 편안함을 느낄 때, 아이는 자기 주도적으로 이 놀이를 즐기게 된다. 이 불편함의 적응은 까꿍 놀이를 더욱 극적이고 긴장하게 만든다. 이렇게 불편함에 대한 적응이 놀이로 발전하면서 즐길 수 있게 된다.

영어로 체육 수업을 하다 보면 아무리 영어 수업이어도 운동이기 때문에 아이마다 기록이 나온다. 숫자에 민감한 요즘 아이들은 본능적으로 승패를 알게 된다. 하지만 반복된 승패 연습이 실패를 받아들이는데도 톡톡한 효자 노릇을 한다. 오늘 진다고 해도 매번 지는 게 아니기에 툭툭 털어낼 수 있게 된다. 그리고 아이 스스로 매일 이기기만 한다면 다른 친구들이 자신과 놀아주지 않을 것이라는 사실을 안다. 이기고 지는 것을 반복하는 것, 또 누가 이길지 모르기 때문에 체육이 더욱 재밌어진다.

내가 운영하는 랭핏에는 한 번씩 아주 소심한 아이가 엄마 손에 끌려온다. 오자마자 작정이라도 한 것처럼 문턱에서부터 자지러지게 운다. 아무리 옆에서 영어로 체육을 하는 아주 재미난 곳이라고 설명해도 아이는 전혀 납득할 생각이 없다. 그 아이에게는 극성맞은 엄마가 수업에 참여하라고 밀어붙이는 또 다른 난관만 있을 뿐이다. 그 이상 그 이하도 아니다. 그렇게 10여 분을 목 놓아 울고 나서야 잠시 지쳐 쉬는 구간을 맞이한다.

그제야 그 아이에게 보이는 까꿍 놀이의 진면목! 다른 아이들의 까꿍 놀이에 아이가 눈이 휘둥그레진다. 아니. 난 이렇게 우는데 쟤

네들은 왜 저렇게 즐거운 거야? 어머! 저 아이는 졌는데도 웃고 있잖아? 아이 눈빛에서 생각의 분주함이 보인다.

이제껏 아이들을 가르치면서 재미있는 것을 싫어하는 아이는 단 한 명도 보지 못했다. 영어체육 시간에 몸을 움직이다 보면, 움직임이 조금 더 강해지고 그러다 보면 승패의 결과도 자연스레 나온다. 그런데 진정한 놀이의 즐거움은 아이가 승패에 연연하지 않을 때 나온다. 이미 놀이를 많이 해본 아이들은, 돌쟁이가 까꿍 놀이에 자지러지게 웃으면서 적응하는 것처럼 실패에도 의연하다. 실패를 받아들이는데 이미 고수가 되어 있다.

중학교 때를 생각해 보면 시험에서 90점을 받고도 청소 시간에 엎드려 우는 아이가 있다. 하지만 70점을 맞고도 빗자루를 가지고 장난치며 청소하는 아이도 있지 않은가? 그 아이들 하나하나의 시험 준비 과정까지는 알 수 없다. 애당초 시험은 아이들의 모든 공부 과정을 평가하기에 무리가 있는 제도다. 시험이란 것이 때로는 요행이 따르기도 하고 때로는 불운이 따르기도 한다는 것에 의문을 가질 사람이 누가 있을까? 과연 시험이 아이의 모든 실력을 측정할 수 있을까?

시험에서 기필코 승리하는 아이는 스스로 채우지 못한 나머지 답안을 어떻게 채울지 고민하는 힘에서 나온다. 적어내지 못한 실패에 능숙한 아이가 결국 모든 시험 과정을 의연히 즐기며 나아가 인생에도 의연하다고 말하고 싶다.

네이퍼빌 학교의 경우처럼 체육은 뇌과학적으로도 아이의 학업에 도움이 된다. 그리고 체육은 실패를 일상에서 편하게 받아들이는 유의미한 예방주사이기도 하다. 운동은 아이의 학업, 나아가 인생이라는 대단한 실패의 바다에서 유유히 앞으로 나아가는 약방의 감초 노릇을 한다. 아이를 대단한 사람으로 키우고 싶은가? 모르는 지식을 공부하는 것도 중요하지만, 지금 당장 아이와 함께 몸을 움직여 보라고 말하고 싶다.

엄마표 교육,
왜 실패하는 걸까

'엄마표 교육'이라는 이상과 현실

이제는 너무도 익숙한 엄마표 교육. 엄마가 자신의 아이를 직접 가르치는 행위를 이르는 말이다. 사교육에 발을 들이기 전 수많은 부모가 한 번씩 시도해 보는 것이 엄마표 교육이다. 많은 엄마가 시도해 보지만, '친자 확인' 후 사교육에 발을 들인다.

도대체 엄마표 교육이 뭐기에 무수히 많은 엄마가 시도하고 실패하고 또 다른 엄마가 다시 시도하게 되는 걸까?

일단, 엄마표 교육의 장점은 아래와 같이 크게 세 가지를 꼽을 수 있다.

첫째, 맞춤형 교육이 가능하다. 아이의 학습 속도, 관심사, 패턴에 맞춰 개별화된 수업을 제공할 수 있다. 또한, 가족 행사나 일정이 생기면 그에 맞춰 수업 시간을 유연하게 조정할 수 있어 효율적인 시간 관리가 가능하다. 더불어 가족의 가치관을 반영한 교육이 가능하므로, 부모가 중요하게 여기는 가치를 자연스럽게 전달할 수 있다.

둘째, 스트레스가 적다. 엄마와 아이 사이의 정서적 유대감을 강화할 수 있어 학습 과정에서 안정감을 느낄 수 있다. 익숙한 환경에서 학습하므로 환경에 대한 스트레스가 적은 것도 큰 이점이다. 또한 또래와의 불필요한 경쟁 없이 편안하게 학습할 수 있어 아이의 정서적 안정에 도움이 된다.

셋째, 교육비 절감 효과가 있다. 엄마의 시간과 노동력을 자녀에게 투자함으로써 사교육비를 아낄 수 있다. 이는 가계 경제에 큰 도움이 된다. 이는 특히 여러 자녀를 둔 가정에서 더욱 큰 이점으로 작용할 수 있다.

이렇게 많은 장점이 있는 엄마표 교육이지만, 실제로 해보면 쉽지만은 않다. 그러나 여기에도 꿀팁이 있다. 먼저 대부분의 엄마들이 '엄마표 교육'에 실패하는 이유를 살펴보자.

첫째, 전문성과 자원이 부족하다. 엄마가 전문 교사가 아니므로 개념을 흥미롭고 명확하게 전달하기 어려울 수 있다. 어른이 보기에는 쉬운 개념이어서 설명을 충분히 하지 않고 넘어가는 경우도 많다. 또한, 가정에서 사용하는 교재나 도구가 학교나 학원보다 부족하여, 아이의 입장에서는 이해하기 어려운 추상적 설명들이 많아질 수 있다.

둘째, 일관성과 지속성의 문제이다. 엄마는 많은 역할을 수행해야 하므로 정신적, 육체적으로 지치기 쉽다. 강제성이 없기 때문에 학습이 순위가 뒤로 밀려 꾸준히 진행하기 어려운 경우가 많다. 또한 학습과 놀이, 휴식의 경계가 모호해지기 쉬워 체계적으로 진행하기 어려울 수 있다.

셋째, 사회적 상호작용의 결핍이다. 엄마표 교육을 받는 아이들은 또래와의 경쟁이나 협력을 통한 사회적 학습 경험이 부족할 수 있다. 이는 장기적으로 아이의 사회성 발달에 영향을 미칠 수 있는 중요한 문제이다.

마지막으로, 엄마표 교육은 감정적 갈등과 피로를 유발할 수 있다. 엄마와 아이 사이에 감정적 갈등이 생기기 쉬우며, 장기적으로 양쪽 모두 피로감을 느낄 수 있다. 이는 학습 효과를 저하시키고 가족 관계에도 부정적인 영향을 끼칠 수 있다.

성공하는 엄마표 교육에는 비결이 있다

많은 엄마가 엄마표 교육을 힘들어 한다고 해서 모두가 실패하는 것은 아니다. 엄마표 교육을 성공하는 엄마들은 어떤 특성을 가지고 있는지 살펴보자.

첫째, 시간 관리 능력이 있다. 집안일, 직장, 육아 등 다양한 역할을 효율적으로 관리하고 아이와의 학습 시간을 꾸준히 확보할 수 있는 엄마가 엄마표 교육에 적합하다. 이는 일관성 있는 교육을 제공하는 데 필수적이다.

둘째, 유연한 사고방식을 지녔다. 육아처럼 교육 또한 변수가 많다. 학습 속도나 방법, 상황에 대응해 가며 학습 방식을 적절히 조정할 수 있는 엄마가 성공적인 엄마표 교육을 할 수 있다. 이러한 유연성은 아이의 개별적 요구에 맞춘 교육을 가능하게 한다.

셋째, 강한 인내심을 지녔다. 아이가 서툴더라도, 학습 속도가 느리더라도 인내심을 가지고 기다려줄 수 있는 엄마가 이상적이다. 이는 아이의 자신감과 학습 의욕을 유지하는 데 중요한 역할을 한다.

넷째, 긍정적이고 격려하는 태도가 필요하다. 아이의 작은 성취도 긍정적으로 바라보고 격려하는 엄마가 이상적이다. 이는 아이의 자존감과 학습 동기를 높이는 데 큰 도움이 된다.

마지막으로, 배움에 투자하는 태도가 중요하다. 내 아이를 잘 안다고만 생각하지 않고, 아동의 특성이나 교수법을 익히고 교구나 교재에 투자를 아끼지 않는 엄마가 성공적인 엄마표 교육을 할 수 있다. 이는 교육의 질을 높이고 아이의 학습 경험을 풍부하게 만든다.

엄마표 교육을 순조롭게 진행하기 위해서는 꼼꼼히 계획을 짜되,

계획대로 되지 않더라도 유연하게 대처할 수 있어야 한다. 준비의 과정도 길 것이다. 하지만, 아이가 엄마의 정성을 몰라주더라도 실망해서도 안 된다. 가르치는 사람으로서 배움을 게을리해서도 안 된다. 교구, 교재에 대한 투자도 아껴서는 안 된다. 이 모든 것은 아이가 학습을 잘 따라와 준다는 전제 조건이 있기 때문에 가능한 것이다.

참고로 특정 상황이나 성향을 가진 엄마들에게는 엄마표 교육이 오히려 부담될 수 있다. 시간이나 에너지가 부족한 엄마, 교육 전문성이 낮은 엄마, 감정 조절이 힘든 엄마에게는 엄마표 교육이 위험할 수 있다. 교육으로 인해 아이와의 애착이 흔들릴 바에는 그냥 '학원표 교육'이 나을 수도 있다는 이야기다.

맹자가 이야기했다. "역자이교지易子而敎之." 자식을 바꾸어 가르친다. 부모가 직접 자기 자식을 가르치지 않는다는 고사성어이다. 이 말은 옛날 맹자에게 아들을 직접 가르치지 않는 것을 이상하게 여긴 제자가 "군자가 자기 아들을 직접 가르치지 않는 것은 어떤 이유인가요?"라고 묻자, 맹자는 이렇게 답했다. "가르치는 사람은 반드시 바르게 하라고 가르친다. 바르게 하라고 가르쳐도 그대로 실행하지 않으면 자연 노여움이 따른다. 그렇게 되면 도리어 부자 간의 관계가 상하게 된다."

당대 최고의 지식인이었던 맹자도 행하지 않았을 만큼 힘든 일이 바로 엄마표 교육이다.

공부정서, 아이의 학습에
미치는 숨겨진 영향력

한국 아이들은 누구를 위해 공부하는가

대치동 학원가는 마치 레이스를 하듯, 학원 앞에 부모들이 차를 몰고 아이들을 실어 나르고 있다. 아이들은 이 학원에서 저 학원으로 바쁘게 오가며 공부에 매진하는 모습이다. 그렇게 그동안 쌓아온 노력의 결실을 보기 위해 시험을 본다. 그런데 원하는 대학에 합격한다고 해도 그 합격의 기쁨도 그리 오래가지 않는다고 한다. 한 조사에 따르면 합격의 기쁨은 평균 1~2개월 정도밖에 지속되지 않는다고 하니, 오랜 시간 노력한 것에 비해 너무 짧은 행복이 아닌가!

내가 과외를 할 때, 한 학생이 명문대를 목표로 공부하고 있었다. 중학교 때는 늘 상위권을 유지했지만, 그 아이는 항상 우울해 보였다. 어느 날 아이가 머리가 자주 아프다고 해서 병원에 가보니 만성 스트레스로 인한 두통과 탈모 증상까지 나타났다. 시험 때만 되면 강박적으로 예민해지고, 예쁘지만 늘 생기 없는 아이의 모습이 기억에 남는다. 그때 나는 아이를 가르치면서도, 그 아이의 마음을 살피지 못한 것에 대해 지금도 미안한 마음을 가지고 있다. 그때는 오로지 성적을 올려야 한다는 생각에만 충실했다. 이제 와서 생각해 보면 아이의 마음 상태를 돌보지 못한 반쪽짜리 가르침이었다. 그래서 그 아이를 떠올릴 때마다 '행복하고 건강하길'이라는 말을 마음속으로 되뇐다.

한국의 교육 시스템은 초등학교부터 고등학교에 이르기까지 점점 심화하는 경쟁 속에 아이들을 몰아넣고 있다. 이 과정에서 많은 아이가 학업 스트레스를 겪고, 심지어 정서적인 문제까지 일으키는 경우도 많다. 자살을 계획하는 청소년의 비율이 점점 증가하는 것도 이런 경쟁적인 환경과 관련이 있다. 단순한 주입식 교육에 노출되면서, 점점 시스템의 일부분이 되어 가는 느낌을 받는다. 초등학교 때까지 잘 따라가던 아이들도, 중학교나 고등학교에 올라가면서 흥미를 잃고 때로는 반항하는 모습을 보이기도 한다.

부모와의 갈등도 심해지는 경우가 비일비재하다. 대체 무엇을 위해 아이들을 이렇게 몰아붙이는 걸까? 부모는 자식을 사랑하고 잘되길 바라는 마음으로 학원에 보내고 공부를 시키지만, 그로 인해 오히려 관계가 나빠지는 경우를 자주 보게 된다. 행복을 위해 사는 삶 속에 공부 때문에 불행해진다면 그 공부는 누구를 위한 걸까?

시키지 않아도 공부에 몰입하는 아이들의 공통점

나는 개인적으로 사람이 삶에서 추구해야 할 가장 중요한 것은 평온한 마음이라고 생각한다. 아이든 어른이든, 마음이 평온할 때 비로소 일이나 공부를 잘 해낼 수 있기 때문이다. '정서', 즉 보이지 않는 마음과 정신이 얼마나 중요한지 알기에, 부모가 아이에게 줄 수 있는 가장 큰 선물은 건강한 정서다. 많은 부모가 '아이에게 공부를 잘 시키는 것이 목표'라고 생각하지만, 공부뿐만 아니라 아이의 전반적인 삶을 더 넓게 보는 지혜가 필요하다. 긍정적인 정서 속에서 아이들은 살아가는 힘과 공부에 대한 동기 부여를 얻게 된다. 아이가 건강한 정서 속에서 생각하고 판단하고 분석할 힘을 기르려면, 평온한 마음이 필수이다. 만약 가정에 불화가 있거나 불안과 우울한 마음이 가득하다면, 공부에 집중하고 성공적인 학습을 이루기가 어렵다.

승록이는 고등학교 1학년 때까지 하루 평균 6시간씩 게임에 빠져 있었다. 주말에는 거의 하루 종일 게임을 했다. 부모님이 걱정되어 여러 번 말렸지만, 승록이의 게임에 대한 열정은 너무나도 강했다. 어느 날, 승록이는 프로게이머에 도전했다. 안타깝게도 대회에서 탈락한 후 스스로 잘할 수 있는 게 뭔지 고민하게 되었고, 가볍게 공부를 시작했다. 그러다 결국 명문대에 장학금까지 받으며 입학했다. 부모님은 아이와 끊임없이 소통했고, 믿고 또 믿으며 기다려 주었다. 그 믿음이 결국 좋은 결과를 낳은 셈이다.

　내 아들도 비슷한 경우였다. 어릴 때부터 조금 느린 아이였고, 반응도 느리며 학습에 큰 관심을 보이지 않았다. 그래서 나는 아이가 잘하는 걸 찾으면 그것을 집중적으로 키워주자고 마음먹었다. 하지만 특별히 눈에 띄는 재능은 없었다. 그러던 중 코로나19로 인해 아이는 집에서 대부분의 시간을 게임과 유튜브로 보내기 시작했다. 그런 모습을 보며 속이 터질 때도 많았고, 걱정이 커지기만 했다. 한때 예뻐 보이던 아이였는데, 이제는 공부를 안 한다고 한심하게 느껴지기도 했다. 하지만 그런 마음을 다독이며 스스로에게 말하곤 했다. '그래, 아이가 건강한 게 얼마나 다행이야. 공부 못하면 어때. 공부 잘한다고 꼭 행복한 건 아니잖아.' 그렇게 하루하루 단순하게 아이가 건강하고 즐겁게 지내는 것에만 초점을 맞췄다.

　그런데 어느 날, 전혀 예상치 못한 일이 일어났다. 아이가 유튜브에서 과학 관련 영상을 보더니, 내게 다가와 신나게 설명을 시작하는 게 아닌가. 그 모습이 어찌나 진지하고 몰입된 것 같던지, 순간 '이게 뭐지?' 싶었다. 평소엔 무슨 말을 해도 반응이 없던 아이가, 처음으로 스스로 무언가에 흥미를 보인 것이었다. 그날 이후로 아이는 수학에도 관심을 가지기 시작했고, 중학교 1학년 때부터는 수학 문제를 풀기 시작했다. 그 관심은 점차 깊어졌고, 중학교 2학년이 되자 수학과 과학에 완전히 몰입해 시간을 보내기 시작했다.

이후, 아이는 수학에 빠져들어 매일 문제를 풀었고, 현재는 양자 물리학자가 되겠다는 꿈을 품고 그 분야를 깊이 연구하고 있다. 물론, 아이가 공부에 흥미를 가졌다고 해서 모든 것이 해결된 것은 아니다. 여전히 사교성이나 다른 부분도 신경 써야 할 점이 많다. 하지만, 아이가 어떻게 이렇게 학문에 몰입하게 되었는지 생각해보니, 두 아이들에게 공통점이 있다.

첫째, 아이들이 공부를 스트레스로 느끼지 않았다는 것, 둘째, 공부를 게임처럼 가볍고 즐겁게 받아들였다는 것이다. 여기서 이러한 정서를 위한 두 가지 핵심은 '소통'과 '자율성'이다. 아이와의 소통에서는 아이에게 '너는 소중하고 귀한 존재야'라는 메시지를 끊임없이 전하는 것이 중요하다. 아이에게 자신의 가치를 일깨워주는 것이다.

자기 가치 발견과 자긍심이 학습에 미치는 영향

코헨 교수 연구팀은 미국 중학생(7학년, 8학년) 약 100명을 대상으로 학기 초에 15분 정도 자기 가치를 확인하는 글쓰기를 하게 하고, 이후 이 학생들의 학업 성취도를 조사했다. 자기 가치를 확인하는 글쓰기를 한 그룹은 그렇지 않은 그룹에 비해 성적이 향상되었으며,

그 성과는 2년 뒤까지도 이어졌다. 코헨 교수는 학생들에게 '너에게 가장 중요하고 가치 있는 것은 무엇이고, 그 이유는 무엇인지'라는 주제로 글쓰기를 하게 했다. 이를 통해 아이들은 자기 자신의 가치를 다시금 확인하며 자신의 역량을 더욱 잘 발휘할 수 있었다.

이 연구는 아이들에게 단순히 학습의 목표를 넘어 자신이 소중하다는 인식과 자긍심을 심어주는 것이 얼마나 중요한지를 잘 보여준다. 학업 성취는 단순히 노력이나 재능에만 의존하는 것이 아니라, 아이들이 자신을 어떻게 바라보는지, 자신의 가치에 대해 얼마나 긍정적인지를 바탕으로 크게 영향받을 수 있다. 따라서, 가정과 학교에서 아이들의 자존감을 높이고, 아이들이 소중한 존재임을 끊임없이 상기시켜주는 것이 장기적으로 아이들의 성취와 발전에 중요한 역할을 한다고 할 수 있다.

또한, 자율성이 학업 성취에 미치는 영향을 보여주는 흥미로운 실험이 있다. EBS에서 12명의 아이들을 두 그룹으로 나누어 실험을 진행했는데, 첫 번째 그룹에는 80문제를 1시간 안에 풀도록 했고, 두 번째 그룹에는 원하는 문제를 선택해 원하는 만큼만 풀 수 있도록 자율성을 부여했다. 그 결과 첫 번째 그룹은 80문제 중 거의 기억에 남는 것이 없다고 했지만, 자율성을 부여받은 두 번째 그룹의 아이들은 처음에는 적은 양의 문제를 풀 계획이었으나, 시간이 남아 결국 80문제를 모두 풀었고, 기억에 남는 문제도 훨씬 많았다. 이 실험은 자율성을 통해 아이들이 스스로 학습 계획을 세우고 주도적으로 공부해 나가는 힘을 키울 수 있다는 것을 보여준다.

　결론적으로, 아이들에게 자기 가치를 확인할 기회를 주고, 자율성을 부여하는 것은 학업 성취에 긍정적인 영향을 미칠 수 있다. 가정과 교육 현장에서 아이들의 가치를 인정하고 자율적인 학습 환경을 조성하는 것이 중요하다는 점을 다시 한 번 강조할 수 있다.

　아이에게 자율성과 함께 '너는 소중하고 가치 있는 존재야'라는 메시지를 꾸준히 전해주며 나아가야 한다. 그러면 공부 정서는 절대 망하지 않는다. 오히려 아이의 숨겨진 재능이 꽃피울 날을 만날 것이다. 꼭 공부가 아니어도 아이마다 하늘로부터 부여받은 선물들이 있기에 믿음과 소통으로 거름을 주자. 아이를 향한 욕심을 조금 내려놓고 아이가 처음 태어났을 때 예쁘고 사랑스럽게 느꼈던 그 순간을 잊지 않고, 아이의 존재 자체로 기뻐했던 날들을 자주 상기시켜주는 것이다.

　아이에게 '삶의 주인은 나'라는 메시지를 자주 전하며, 아이들이 작은 것부터 선택하는 기회를 자주 주자. 시행착오를 많이 겪으며 달려온 부모는 이제 아이 스스로 시행착오를 겪으며 삶의 결정권을 가지고 열심히 살기를, 그 길을 응원할 때가 왔다.

어떻게 아이에게
수학적 지식을 전달할까?

수학도 언어다

아이가 태어나서 가장 먼저 배우는 지식은 단연 모국어다. 모국어를 익히고 난 다음 아이에게 수학적 지식을 가르친다. 수학적 지식과 언어 습득의 능력을 별개로 생각하기 쉽다. 그러나 그것은 잘못된 생각이다.

아이가 태어나면 환경 속에서 자연스럽게 모국어를 접한다. 2~3세가 되면 가족들과의 소통을 통해 단어를 문장으로, 문장을 일상 회화로 발전시킨다. 수학도 비슷한 과정을 거친다. 아이가 문장으로 말하기 전, 언어를 이해하기 시작할 때 자신의 나이를 손가락으로 표현하도록 가르쳐본 적이 있지 않은가? 이것이 수학의 첫 시작이다. 그러고는 빠르면 2세, 늦어도 초등학교 정규 과정인 7세에는 대부분 본격적으로 수학을 공부하게 한다.

여기서 간과하기 쉽지만, 중요한 사실이 있다. 수학 역시 영어나 한국어와 같은 언어라는 점이다. 다만 수학은 옳고 틀림이 명확하게 표현된다는 차이가 있을 뿐이다. 생소한 언어를 배울 때는 일단 익숙해지는 것이 먼저다. 흔히 영어를 배울 때 일상생활에서 듣기에 신경 쓰고, 사과를 apple이라고 모형이나 그림 등을 통해 단어를 익히게 한다.

하지만 수학은 어떤가? 1부터 20까지는 직접 손가락 발가락을 세어보는 경험을 시킨 뒤에 무작정 문제를 풀게 하지는 않는가? 이것은 마치 그림으로도 본 적도 없는 상상 속 동물의 생김새의 표현을 외우라는 것과 같다. 사진으로라도 한 번 본다면 눈을 감더라도 생김새를 쉽게 상상할 수 있는 것인데 말이다. 수학도 영어와 같은 언어다. 알파벳 대신 숫자, 문장 부호 대신 기호를 쓴다. 문장 대신 식으로 나타낼 뿐이다.

공부를 위한 공부가 아닌, 실생활 도구로서의 수학

수학數學은 '셀 수'와 '배울 학'이 합쳐진 말로, 무언가를 세는 것을 배우는 학문이다. 최소 1부터 200까지는 묶어서 세는 경험이 필요하다. 유아기의 아이에게 손가락 10개까지는 손가락 교구를 써가며 수를 익히게 한다. 하지만 그 이상의 수는 어련히 알아서 하겠거니 생각하며 방치하는 경우가 많다.

초등 고학년인데도 뺄셈조차 제대로 안 되는 학생들을 의외로 쉽게 볼 수 있다. 이 학생들에게 10개 이상의 구슬을 몇 개냐고 물으면 한두 개씩 차이 나게 대충 세어서 대답하는 학생들이 적지 않다. 충분히 수를 세어 이해하기 전 숫자로 연산을 익힌 것이다. 이렇게 공부한 학생들은 두 자릿수 덧뺄셈이나 곱셈에서는 티가 잘 나지 않는다. 하지만 초등 3학년 교과 과정인 덧뺄셈, 분수부터는 고전을 면치 못한다.

역사적으로 수학의 시작은 고대 이집트의 농경 사회에서 찾을 수 있다. 당시에는 주로 산술을 중심으로 발달했다. 존재하는 것을 세는 것에서부터 수학이 시작된 것이다. 고대 수학은 철저히 실용적이었다. 현대 수학 교육과정과 굳이 비교하면 대부분 초등에서 중등 수준에 해당한다. 따라서 초·중등 과정은 비록 배울 때는 힘들게 배우더라도, 배운 즉시 실생활에서 수학이 편리하다는 것을 체험하게 해주어야 한다.

예를 들어, 학교 텃밭에서 학생들이 직접 작물을 재배하게 한다. 이때, 텃밭의 크기를 측정하고 필요한 씨앗의 양을 계산한다. 물과 비료의 적정 비율을 계산하고 적용한다. 작물의 성장률을 기록하고 그래프로 표현한다. 이로써 학생들은 면적과 비율, 그래프 등의 수학적인 개념을 적용해 보는 경험을 하는 것이다.

이러한 활동들은 학생들이 수학을 시험의 한 과목이 아닌 실생활의 도구로 인식하게 해준다. 또한 고대 이집트에서 시작된 수학의 실용적 본질을 현대적 맥락에서 체험할 수 있게 된다. 이러한 접근 방식은 수학에 대한 학생들의 흥미와 이해도를 높이는 데 효과적이다. 실제로 수학을 일상생활과 연계하여 가르치면 학생들의 학습 동기가 증가하고 개념 이해도가 깊어진다는 연구 결과가 있다.[2]

더불어, 이런 실용적인 수학 교육은 학생들의 문제 해결 능력과 논리적 사고력 향상에도 도움을 준다. 실생활 문제를 해결하는 과정에서 학생들은 자연스럽게 수학적 사고를 적용하게 되고, 이는 다른 학문 분야나 일상적인 의사결정에도 긍정적인 영향을 미친다.

또한, 이러한 교육 방식은 수학에 대한 두려움이나 거부감을 줄이는 데도 효과적이다. 많은 학생이 수학을 어렵고 추상적인 과목으로 여기는데, 실생활과 연계된 학습을 통해 수학의 실용성과 중요성을 직접 체감함으로써 이러한 부정적인 인식을 개선할 수 있다.

"들은 것은 잊어버리고, 본 것은 기억하고 직접 해본 것은 이해한다." 공자의 격언은 수학 교육에도 깊이 적용할 수 있는 통찰력 있는 교훈일 것이다.

---

2   충청남도교육연수원. 수학과 수업 학습 동기 유발 방법 및 수업 집중 전략. 충청남도 : 충청남도교육연수원, 2007

아이의 잠재력을
깨우는 법

하얀 거짓말의 기적

얼마 전 나이가 60대인 여성을 모시고 한라산 등반을 한 적이 있다. 한라산 등반은 보통 10시간 정도가 걸리지만, 이날 그 여성을 동반한 우리 팀은 12시간이 걸려, 맨 마지막으로 한라산에서 내려왔다. 자주 등반을 하는 사람이라면 모르겠지만, 일상생활만 하는 중년의 여성이 한라산에 가는 것은, 사실 쉬운 일이 아니다. 말 그대로 한라산 등반은 그분의 새해 버킷리스트이면서 색다른 도전이었다.

실제로 한라산 등산로에 가보니, 생각보다 고군분투하며 산에 오르는 사람들이 많았다. 모두 포기할 듯하면서도 결국, 백록담 옆에서 감격의 만세 사진을 찍었다. 어찌 되었든 정상에 도착하니 등산로에서 같이 고생했던 낯이 익은 사람들이 있었다. 신기했다! 돌이켜 생각하니 포기하고 내려가는 사람보다 올라온 사람이 월등히 많았다는 사실이. 물리적으로 무릎도 아프고 겨울 산이라 미끄러지기도 쉬운데 마침내 성공하였다. 한겨울에 10분도 걸어 다니지 못하는 사람들이 눈보라가 몰아치는 한라산 정상에 올라가는 것을 보며 참 의아했다. 이 놀라운 결과 뒤에는 '하얀 거짓말'이 있었다.

아직 갈 길이 많이 남았는데도 "조금만 가면 돼요." "10분 정도만 더 가면 그다음 쉴 곳이 있어요."라는 말은 숨이 턱까지 차오르는 그들에게 꽤 쓸만한 약이 되었다. 그리고 내려오는 사람들도 어디에서 약속이나 한 것처럼 그 하얀 거짓말에 재빠른 동조를 해주었다. 한참 남은 정상도 10분으로 정리되는 것이 어느 순간 국룰이 되었다. 중년의 걸음마 등반가는 어느 순간 지금껏 걸어온 길이 아까워서라도 정상을 향해 '뚜벅뚜벅' 걸어가게 되었다.

지금, 이 순간 너무나도 힘든 나머지 단순히 걷고 있다는 것에만 온 집중을 쏟는다. 우리가 말한 하얀 거짓말이 플라세보 효과가 되어 그녀를 걸어가게 만들고 있었다. 그 중년 여성에게는 그냥 걷는 것이 유일하게 '의미 있는 것'이 된다. 그렇게 걷다 보니 어느새 많이 왔고, 또 지나온 그 발걸음들이 모여 지금 이 위치가 된다는 사실을 온몸으로 실감하고 있다. 그래서 또 한 발 한 발 내디딘 발걸음에 집중하게 만든다. 결국 내가 내디디는 이 발이 나를 정상으로 데려다준다는 것에 믿음이 서서히 생긴다.

'성장하는 현장감'이 아이의 잠재력을 깨운다

위 이야기에서 한라산을 올라가게 만드는 건 스스로 느끼게 되는 고통 속 '성장하는 현장감'이다. 이때 이 하얀 거짓말은 플라세보 효과로 이어지는데, 사실상 스스로도 거짓말이라고 알고 있음에도 그 말들은 측정 가능한 변화로 이어지고 있었다. 마침내 그 과정은 그들이 백록담에 서 있게 하는 일등 공신이 되었다. 그 과정에서 놀라운 성장이 일어났다.

이것은 아이를 가르치는 것과 참 닮았다. 수학을 정말 어려워하는 아이가 있다고 생각해보자. 수학을 못 한다는 생각에 사로잡혀 있어서 시도조차 하지 않으려고 한다. 어떻게 자신감을 갖고 도전하게 도와줄 수 있을까?

나는 수학을 어려워하는 한 초등학생을 지도한 적이 있다. 그 아이는 수학 시험만 보면 겁부터 먹고, 문제를 풀다가도 고개를 숙이곤 했다. 처음에는 간단한 덧셈 문제도 제대로 풀지 못할 정도로 자신감을 잃은 상태였다. 하지만 나는 그 아이에게 작은 '하얀 거짓말'을 해보기로 했다.

"이 문제는 충분히 풀 수 있을 거야. 조금만 더 해보자. 사실 이거 네가 예전에 풀었던 문제랑 거의 똑같아!"

사실, 그 아이는 비슷한 유형의 문제를 푼 적이 없었다. 아니, 정확히 말하면 그 학생이 풀었던 모든 유형의 문제를 나는 알지 못하는 상황이었다. 하지만 나는 그렇게 말하며 격려했다.

처음에는 "진짜요?"라며 의심스럽게 바라보던 아이도, 내가 계속 긍정적으로 말하자 슬며시 연필을 들었다. 그러고 나서 문제를 풀기 시작했다. 정답을 맞히지 못해도 괜찮았다. 중요한 것은 '풀어봤다'는 경험이었다.

이런 상황에서도 하얀 거짓말은 효과가 있다. 하얀 거짓말의 구체적인 효과는 수학 공부에서도 플라세보 효과로 나타난다. 이 플라세보 효과는 실제로는 아무런 효과가 없는 것이지만 긍정적인 기대로 인해 효과가 있다고 믿게 되는 현상이다. 그래서 한라산을 오른 것처럼 결국 수학 문제를 풀게 된다. 아이가 수학이 하기 싫고, 또 못해서 울고불고 난리 칠 때, 사실 성장의 기회가 있다. 그 순간을 뛰어넘고 한 문제를 더 풀게 하면 비록 그 문제가 틀리더라도 '그래도 해보았다'는 하나의 과정이 더 생기게 된다. 이만큼 풀었다는 성장이 일어나고 어느 순간 문제를 맞히게 된다. 매 순간의 발걸음만 유지하면 결국은 해내는 아이로 성장한다.

긍정적인 기대와 믿음을 심어주는 것이 잠재력을 끌어내는 데 매우 중요하다. 사실 성장은 스스로 한계라고 생각하는 그 한계를 뛰어넘을 때 일어난다. 이럴 때일수록 필요한 것이 과정에 대한 칭찬이다. 결과적으로 문제를 많이 틀리더라도 문제를 풀면서 '성장하는 현장감'이 아이의 잠재력을 깨우는 데 매우 중요한 요소이다.

시험에서 100점 맞고도 기쁘지 않은 아이가 있다. 반면 50점을 맞고도 뛸 듯이 기쁜 아이가 있다. 어떤 아이가 더 행복할까? 앞으로 기뻐해야 할 50점이 더 남은 아이에게 우리는 얼마의 축하를 해줘야 할까? 시험은 시험일 뿐인데 어른들은 아이가 받아오는 점수에 매몰되게 된다. 70점이어도 100점 같은 70점이 있고, 50점 같은 70점이 있다. 우리 아이의 점수가 그 어떤 경우가 되었든 과정을 들여다보고 칭찬할 요소를 찾으면 얼마든지 아이를 성장시킬 수 있다. 그 칭찬은 분명 아이의 잠재력을 깨운다. 부모의 말 한마디에서, 스스로 해낼 수 있다고 생각하는 긍정적인 기대가 결국에는 아이의 결과를 향상시킨다. 그런데 자라는 아이들에게는 이 단어가 60대 여성과는 달리 복리가 되어 나타난다. 가야 할 길이 너무 많기 때문이다.

실제 이 '하얀 거짓말'은 아이의 진정한 가능성을 믿는 것에서 시작한다. 이 하얀 거짓말은 아이에 대한 사랑이며, 아이의 발걸음을 응원하는 엄마의 마음이다. 그 마음이 거름이 되어 아이는 '성장 속 현장감'을 가지고 본인의 여정을 수행하게 되고, 그 여정 속 변화를 맞이한다. 그리고 그 변화를 성실한 태도로 꾸준히 할 수 있게 되면, 과정에서 즐거움을 찾는 아이로 성장한다. 매 걸음, 걸음마다 스스로 걸음을 만드는 아이가 될 것이다. 결국 그 과정에서 원래보다 더 큰 아이가 되는 것이다. 그렇게 아이의 잠재력이 성장하고, 마침내 현실이 된다.

초등 때는 부모의 권위를,
중등 때는 부모의 존중을

정말로 아이들은 '크면 알아서' 다 하는 걸까?

"크면 다 알아서 하지." "철들면 다 할 거야." 모두 옛말이다.

요즘 아이들은 부모 세대가 자랐던 시절보다 훨씬 더 해로운 환경에 노출되어 있다. 크면 클수록 눈이 휘둥그레지는 유혹도 늘어난다. 부모의 통제를 벗어나는 얕은 수법들을 친구들로부터 쉽게 얻을 수 있다.

왜 해야 하는지를 알기보다, 왜 안 해도 되는지의 이유를 찾기가 배로 쉬운 세상이다. 이렇게 달라진 세상에서 우리 아이들을 건강하게 잘 지키는 방법은 무엇일까?

중학교 1학년 지현이는 위로 나이 차가 좀 있는 언니와 오빠가 있다. 이제는 우리 학원 졸업생이 된 언니, 오빠는 부모의 통제하에 꽤 엄격한 분위기에서 자랐다. 그에 비해 지현이는 어려서부터 많은 것을 허용받으며 자랐다. 여느 집 막둥이처럼 말이다. 5학년이 되어서도 숙제는 여전히 하지 않았고, 저학년 동생들과 비교해도 여러 면에서 뒤처져 있었다. 걱정되어 가끔 지현이 부모님과 상담할 때면, '막둥이니 건강하게만 자라길' 바라는 부모님의 마음이 느껴졌다.

그러다 지현이가 중학교 진학을 하고 성적표를 받아오기 시작하니, 부모님의 마음이 예전과는 조금 달라진 듯했다. 대놓고 언니, 오빠와 비교하며 성적에 대한 통제가 시작되었다. 갑작스러운 부모님의 압박에 지현이는 마음 둘 곳을 몰랐다. 예전보다 하고 싶은 것은 더 많아졌는데, 부모님의 통제는 날로 높아져만 갔다. 부모님을 이해할 수 없어 몰래 하고, 거짓말하는 날들이 이어졌다. 덩달아 지현이의 낯빛도 점점 어두워지기 시작했다.

지현이 부모님은 지현이가 어렸기에 귀여워서 예뻐만 했고, 중학생이 되면 첫째, 둘째처럼 당연히 잘할 거라고 여겼단다. 부모님께 그 말을 듣는 내가 더 발등이 찍히는 기분이 들었다. 지현이 대신 말이다. 너무나도 속이 상했다. 지현이는 초등 시절에 해야 하는 것과 하지 말아야 하는 것의 경계를 지키는 연습을 충분히 하지 못했는데 말이다.

당신의 아이는 벗어나면 안 되는 지역에 있지 않은가

아이가 벗어나면 안 되는 안전 지역safe zone, 나는 그것을 '동그라미'라 부른다. 어릴 적부터 그 동그라미를 잘 그려주는 것이 부모의 역할이다. 그것이 바로 '권위'다.

초등 시기에는 부모의 권위를 세워 그린 동그라미 안에서 아이를 통제하고, 아이는 그 안에서 허용된 자유와 만족감을 느끼는 훈련을 해야 한다. 아이는 조금씩 그 안에 있는 것이 익숙해지고 편해진다. 이것이 바로 기본적인 도덕성과 성실성, 규칙을 준수하고 약속을 지키는 습관을 만드는 것이다.

동그라미가 너무 넓으면 안 된다. 지현이의 초등 시절이 딱 그러했다. 부모의 통제를 느낄 수 없었고, 누리는 자율이 너무나도 많았다. 그래서 아이는 조절하는 법을 배우지 못했다.

동그라미가 너무 좁아도 안 된다. 통제가 너무 과하면 아이는 조절을 배우기보다는 그 틀에서 나가고 싶은 욕구만 강해지기도 한다. 순한 기질 아이의 경우, 그 안에서 다양한 경험과 결정을 해보지 못하고 작아진 채 그저 나이만 먹기도 한다.

'하고 싶은 것도, 하기 싫은 것도 많아지는' 중학교 사춘기 시절은 한 번쯤 꼭 오기 마련이다. 부모의 통제 밖으로 끊임없이 벗어나려 한다. 엄마를 그렇게 좋아하던 아이가, 그냥 엄마가 싫다고 한다. 언젠가부터 겉으로 표현하는 말투도 다소 거세진다. 이때 부모는 얼마나 아이를 현명하게 컨트롤할 수 있을까?

만약 초등 시기에 부모의 동그라미 안에서 안정감을 느끼고 조절하는 법을 배웠던 아이라면, 그때의 경험과 습관을 토대로 새로운 동그라미의 크기를 부모와 함께 조율할 것이다. 분명 그러지 않았던 아이보다는 수월하다.

그러기에 초등 시기에 부모의 권위와 통제는 정말 중요하다. 어디로 튈지 모르는 중등 시기에는 오히려 쿨하게 동그라미 하나 딱 그려놓고 그 안에서 벌어지는 일은 아이에게 자율성을 주고 맡긴다. 합의하에 말이다. 존중은 이럴 때 필요하지 않은가? 어린 자녀가 스트레스 받을까 봐 알아서 다 해결해주는 게 아이를 존중하는 것이 아니라는 말을 하고 싶다.

"이쯤 되면, 이 나이쯤 되면 이제는 알아서 해야지."

정말 이렇게 생각하는가? 가르쳐 주지 않았는데 알아서 하는 아이는 세상에 없다. 적당한 통제로 자신을 조절하는 법을 배우고 안정감을 느껴보지 않은 아이가 어떻게 중학교에 입학했다고 해서 하루아침에 짠 하고 달라질까. "결혼하고 어느 날 갑자기 부모가 되었는데, 이 나이쯤 되어 자녀가 있다면 응당 부모 노릇도 손색없이 잘해야지." 이 말과 별반 다를 게 없지 않은가.

내 아이를 위한 동그라미를 잘 그리는 방법

수많은 학생과 살을 부대끼며 체득한, 그리고 내 아이와 지지고 볶으며 깨달은 동그라미를 잘 그리는 방법을 소개하려 한다.

1. 최소한의 통제 전략을 만들어라

동그라미는 최대한 넓게 그린다. 최소한의 보이지 않는 작은 통제를 만드는 것이다. 우리 초등부 수업에서 쓰는 비법인데, 하루 공부량을 자율로 정하게 한다. 선생님의 통제는 '한 단원을 3일 안에 끝내기'이다. 사실 그걸 3일 안에 끝내려면 하루 80분은 투자해야 한다. 이미 시스템에서 그렇게 세팅이 되어 있다. 하지만 "매일 80분씩 영어 공부해"라는 말보다 "수업 중에 얼마만큼 할래? 숙제는 얼마나 할 거야? 선택은 네가 하렴. 단, 한 단원을 3일 안에 끝내기만 하면 된단다."라는 말이 아이에게는 자율성을 더 보장받는 느낌이 든다.

2. 아이에게 배턴을 넘겨라

아이가 얼마나 할 수 있는지, 어느 정도 스트레스를 받는지 다 알지는 못한다. 아이도 부모의 바람을 모르기는 마찬가지다. 모두가 서툴다. 아이에게 직접 물어보는 걸 추천한다. 하지만 아이에게 질문을 넘기기 전에, 부모로서 하고픈 작은 통제를 명확히 생각해 보아야 즉각적인 조율이 가능하다는 것을 잊지 말자.

3. 동그라미 안과 밖을 분명히 하라

동그라미 안에 있는 아이와 동그라미 밖에 있는 우리를 분리하여 접근하는 것이 중요하다. 동그라미 밖에서 아이를 기다려 주어야 한다. 섣불리 동그라미 안을 넘나들지 않아야 한다. 함께 정한 그 틀을 아이가 벗어나려 할 때, 밖에서 잘 일러주는 것이 부모의 역할이다.

만약 뚜렷한 동그라미 없이 많은 것을 허용해 주며 아이의 초등 시기를 보냈다면, 이제는 최소한의 통제를 아이와 함께 만들어 볼 시기이다. 아이에게 먼저 배턴을 넘겨서 서로 의견을 조율하며 말이다.

"인생은 목표를 이루는 과정일 뿐만 아니라
그 자체가 소중한 여행이다.
서투른 자녀 교육보다 과정 자체를 소중하게
생각할 수 있게 훈육시키는 것이 중요하다."

— 쇠렌 키에르케고르

2장.

학습의
본질을 찾아라

: 인성과 학업의 조화

진정한 성공이란
무엇인가?

그렇게 성공해서 뭐 할래?

우리 사회에서 성공은 종종 학업 성취와 동일시되곤 한다. 좋은 성적, 명문 대학, 그리고 안정된 직업은 많은 사람이 꿈꾸는 성공의 상징이다. 그러나 진정한 성공이란 무엇인가? 단순히 성적표의 숫자와 명문 대학 입학만으로 측정될 수 있는가?

나는 이렇게 생각한다. 진정한 성공은 성적을 넘어 바른 인성을 갖추고, 인간다운 삶을 살아가는 데 있다고. 이제 우리는 학업과 인성의 조화를 통해 진정한 성공으로 나아가는 길을 아이들에게 보여줘야 하지 않을까?

인성의 가치가 존중받지 못하는 분위기에서 우리는 살고 있다. 하지만 보이지 않는 것이 더 중요할 때가 있다. 인성은 인간으로서의 품격과 도덕성을 의미한다. 이는 단순히 학문적 지식을 습득하는 것을 넘어 삶의 태도와 행동을 결정짓는 중요한 요소다. 학업은 한 개인의 지적 능력을 평가할 수 있지만, 인성은 그 사람이 사회에서 어떻게 행동하고, 타인과 어떤 관계를 맺는지를 결정한다. 정직, 공감, 책임감과 같은 인성의 요소들은 인간다운 삶의 기초가 된다.

연구에 따르면, 성공적인 리더십과 사회적 성취는 높은 공감 능력과 정직함 같은 인성적 요소에 달려 있다고 한다. 글로벌 기업에서 리더십 연구를 수행한 결과, 팀원들에게 신뢰받는 리더들은 대부분 높은 수준의 공감 능력과 책임감을 지니고 있었다. 이는 학업적 성취와 같은 외형적 성공보다도 내면적 자질이 장기적인 성공에 더 중요한 역할을 한다는 점을 보여준다.

성공의 황금 비율, 인성과 학업이 조화를 이룰 수 있을까?

학업과 인성은 대립하지 않는다. 그러나 많은 사람이 학업 성취와 인성을 대립적인 관계로 오해하곤 한다. 실제로는 학업과 인성이 서로를 보완할 수 있다. 예를 들어, 책임감은 학업 목표를 달성하는 데 중요한 원동력이 된다. 또한 공감 능력은 협력 학습 환경에서 뛰어난 성과를 낼 수 있도록 돕는다. 이처럼 학업과 인성은 서로 상승 작용을 일으킬 수 있다.

교육은 단순히 지식을 전달하는 데 그쳐서는 안 된다. 학생들이 정직, 공감, 책임감을 배우고 실천할 기회를 제공해야 한다. 예를 들어, 일본의 일부 학교에서는 도덕 교육을 정규 교과목으로 포함하여 학생들에게 공감과 책임감을 가르친다. 이러한 접근은 학생들이 학업 성취뿐만 아니라 인간관계를 발전시키는 데 긍정적인 영향을 미친다.

진정한 성공이란 단순히 외적 성취에 국한되지 않는다. 이는 인간으로서의 가치를 실현하고, 타인과 조화로운 관계를 맺으며, 사회에 긍정적인 영향을 끼치는 삶을 의미한다. 예를 들어, 높은 성적을 자랑하는 학생이더라도 정직하지 못하거나 공감 능력이 부족하다면, 그 성공은 지속 가능하지 않을 것이다.

고故 구본무 LG그룹 회장은 정직과 공감을 바탕으로 회사를 운영하며 많은 이들의 존경을 받았다. "편법·불법을 해야만 1등을 할 수 있다면, 차라리 1등을 안 하겠다."라고 그가 말했던 일화는 유명하다. 그는 단순히 매출 증가에만 초점을 맞추지 않았고, 직원들의 복지와 사회적 책임에도 힘썼다. 이러한 접근은 회사의 성장뿐만 아니라 사회적 신뢰를 구축하는 데 이바지했다. 이는 인성과 성공이 어떻게 조화를 이루는지를 보여주는 대표적인 사례다.

공부는 중요하다. 그러나 아이의 인생에 공부가 전부는 아니다. 너무나도 진부한 사실이지만 우리는 이것을 쉽게 잊는다. 그렇게 삶의 방향성을 잃는다.

좋은 성적과 명문 대학은 중요한 목표일 수 있지만, 그것이 전부는 아니다. 진정한 성공은 바른 인성을 갖추고 인간다운 삶을 살아가는 것이다. 학업과 인성은 대립하는 개념이 아니라 상호 보완적인 관계에 있다. 우리는 가정과 사회에서 인성과 학업을 균형 있게 육성하여, 미래 세대가 더 나은 세상을 만들어 갈 수 있도록 도와야 한다.

내 아이가 스스로
공부하게 만드는 비밀

내 아이를 망치는 부모의 행동

아이들은 스스로 공부할 줄 알아야 한다. 동시에 아직 부모의 도움이 필요한 시기다. 그럼 부모가 아이의 가방을 열어 물통이나 숙제를 대신 확인해 주는 행동은 아이에게 긍정적인 영향을 미칠까?

이러한 행동은 아이가 스스로 해야 할 일을 돕고 싶어 하는 부모의 마음에서 나온다. 그러나 이런 작은 습관들이 쌓이면, 아이는 자신의 과제를 자각하지 못하고 점점 더 의존적으로 변하게 된다.

부모라면 누구나 우리 아이가 자기주도적인 아이로 성장하길 바란다. 자기주도란 스스로 자신의 행동이나 목표를 계획하고, 그 과정을 관리하며, 결과에 대해 책임을 지는 것을 말한다. 어떤 일을 타인에 의해 수동적으로 하기보다는, 자신이 주체가 되어 스스로 그 일을 주도적으로 해나가는 것이다.

또한 자기주도 학습이라는 것은 학습 과정에서 아이 스스로 목표를 설정하고, 학습 계획을 세우고, 공부 방법을 취사선택하며, 결과를 평가하는 일련의 과정을 말한다. 여기서 중요한 것은 자기주도 학습의 가장 첫걸음은 아이가 스스로 자신의 학습을 통제할 수 있도록 기회를 주어야 한다는 것이다.

많은 부모가 아이들이 스스로 공부할 것으로 기대한다. 그러나 사실 아이들은 처음부터 자기주도 학습을 할 능력이 없다. 자기주도 학습은 자연스럽게 생기는 것이 아니라, 부모 혹은 선생님의 훈련과 지도를 통해 '점진적으로 길러지는 능력'이다. 그리고 그 과정에서 가장 중요한 점은 실패를 경험하고 이를 극복하는 법을 배우는 것이다.

스스로 공부하는 아이는 이렇게 다르다

앞서 자기주도적 학습 능력은 '점진적으로 길러지는 능력'이라고 이야기했다. 따라서 스스로 공부하는 아이들은 태어나는 것이 아니라 만들어지는 것이라고 나는 생각한다. 여기에 대하여 크게 네 가지로 나누어 살펴보자.

1. 스스로 결정하게 하라: 자율성의 부여

자기주도 학습의 첫 단계는 '자율성'이다. 아이가 스스로 학습 계획을 세우고, 결과에 책임지는 경험을 할 때 비로소 학습에 대한 주도권을 잡을 수 있다. 많은 부모가 아이가 잘못된 결정을 내릴까 봐 두려워 학습 계획을 대신 세워주고, 모든 준비물을 챙겨주곤 한다. 하지만 이런 도움은 오히려 아이가 스스로 결정을 내리고 책임을 질 기회를 빼앗는 결과를 낳는다.

예를 들어, 아이가 매일 어떤 과목을 먼저 공부할지 스스로 결정하게 하고, 그 결과에 대해 토론하는 시간을 가져보는 것은 자율성을 키우는 좋은 방법이다. 처음에는 실수도 하고 비효율적인 선택을 할 수도 있다. 그러나, 이 과정을 통해 아이는 자신의 선택을 돌아보고, 점차 더 나은 방법을 찾게 된다.

자율성은 자기주도 학습의 문을 여는 첫 열쇠다. 아이가 작은 선택을 통해 자신감을 키워가는 과정에서 자율성은 점점 더 견고해진다. 이 사실을 꼭 기억해야 한다.

2. 목표 설정과 성취감의 중요성

자기주도 학습을 촉진하는 또 다른 중요한 요소는 '목표 설정'이다. 그러나 목표는 아이 스스로 설정해야 한다. 부모가 지나치게 크거나 막연한 목표를 정하면 오히려 아이에게 좌절감을 줄 수 있다. 아이가 스스로 설정한 목표를 달성하면서 성취감을 느낄 때, 비로소 학습에 동기가 생긴다. 그러기 위해서는 작은 목표부터 시작하는 것이 중요하다.

예를 들어, 하루에 영어 단어를 5개씩 외우는 것처럼 작은 목표를 설정하고, 그 목표를 꾸준히 달성하게 했을 때 아이가 느끼는 성취감은 크다. 작은 성취는 아이의 학습에 대한 자신감을 키워주고, 더 큰 목표에 도전할 원동력이 된다. 또한 이러한 성취감은 학습에 대한 긍정적인 태도를 유지하는 데 핵심 역할을 한다.

우리 학원에서도 비슷한 사례가 있다. 영어학원에 오는 아이들 중에는 영어를 시작하기에 다소 늦은 시기에 온 친구들도 있다. 그런데도 아이들이 학원에 오는 것을 싫어하는 모습을 본 적이 없다.

원장으로서 생각해보면, 이는 학습의 빠른 속도나 성과를 강요하기보다는 아이마다 학습 방향을 잡아주고, 끊임없이 동기를 부여하는 것에 중점을 두었기 때문이라고 생각한다. 아이들이 스스로 목표를 설정하고 그 과정을 즐길 수 있도록 도와주었을 때, 아이들은 더 열심히 학습에 몰입했다. 이렇게 스스로 성취를 느끼면서 아이들은 학습의 즐거움을 알게 된다.

영어는 특히 자존감이 중요한 과목이다. 잘하는 아이들의 빠른 학습 속도와의 비교는 영어에서 가장 큰 독이다. 방향만 잡아주면 속도는 중요하지 않다. 영어에 대한 호감을 오래 유지할 수 있다면 언젠가는 공부에 가속도가 붙기 때문이다.

3. 실패는 성장의 기회다: 회복탄력성 키우기

바닷가재는 평생 수십 번 껍질을 벗으며 성장한다. 특히 어린 시절에는 빠른 성장을 위해 7년 동안 약 25회나 탈피를 반복한다. 그러나 이 과정은 고통스러우며, 매우 취약한 상태에서 겪어 내야 한다. 기존 껍질을 벗고 새 껍질이 굳을 때까지는 외부의 위협에 무방비로 노출되기 때문이다. 하지만 이 고통과 취약함을 겪을 때마다 바닷가재는 더 크고 강한 모습으로 거듭난다.

아이들의 학습도 이와 같다. 실패는 성장의 필수 과정이다. 아이들은 학습 과정에서 작은 실수에도 쉽게 좌절할 수 있다. 그러나 실패를 긍정적으로 바라보고, 이를 극복하는 경험이 쌓일 때 더 큰 도전을 마주할 힘을 기르게 된다.

요즘 많은 부모가 아이들이 실패를 경험하지 않도록 보호하려는 마음이 크다. 아이가 좌절하거나 실망하는 모습을 보고 싶지 않기 때문이다. 하지만 실패를 피하게 하는 것은 장기적으로 아이에게 부정적인 영향을 미칠 수 있다.

많은 아이가 시험에서 좋은 성적을 받지 못했을 때 큰 실망을 느끼곤 한다. 그때 부모가 "왜 틀렸느냐"고 묻기보다는, "어떤 점을 보완하면 더 나아질까?"라고 질문하는 것이 좋다. 이처럼 실패를 학습의 일부로 받아들이는 태도는 아이가 학습 과정뿐 아니라 인생에서도 중요한 자산이 된다. 실패를 학습의 기회로 받아들이게 된다.

실패는 단순히 좌절의 경험이 아니라, 성장을 위한 중요한 계기가 된다. 실패를 통해 배우는 힘은 곧 회복탄력성이다.

4. 공부도 밀당이다: 현명한 부모의 '밀당' 전략

오래전 가르쳤던 제자들 중 가장 기억에 남는 아이가 있다. 영어를 몹시 싫어했던 아이였다. 4학년 가을에 만난 그 아이는 이미 네 명의 과외 선생님을 거쳤고, 내가 다섯 번째 선생님이었다. 1년 넘게 영어를 배웠지만, 알파벳도 제대로 쓰지 못했고, '애플apple' 같은 쉬운 단어조차 읽지 못하는 상태였다.

그 학생에게 필요한 것은 단순한 학습 이상이었다.

"너는 이해력이 빠르고, 지금보다 조금만 더 노력하면 정말 잘할 수 있는 아이야."

나는 그 학생의 가능성을 끊임없이 말하며, 학습 목표를 작은 단계로 나누어 성취감을 느끼게 했다. 처음에는 엄한 선생인 나를 무서워해서 억지로 공부를 시작했지만, 이내 스스로 공부에 흥미를 느끼며 변화하기 시작했다. 나와 아이 간의 라포rapport 형성의 결과였다.

나는 엄하면서도 편안한 선생님이 되고자 노력했고, 아이의 장점을 최대한 찾아 역량을 키워주었다. 이 과정에서 아이와 끊임없이 밀당을 하며 공부에 대한 동기를 이끌어 냈다. 때로는 단호하게 지도했고, 때로는 공감하며 격려를 아끼지 않았다. 이러한 균형 속에서 아이는 학습에 대한 자신감을 얻었고, 그 믿음에 보답하듯 점점 스스로 성장해 갔다.

1년 반 만에 그 아이는 학교에서 영어를 가장 잘하는 아이가 되었고, 학교 대표로 스피치 대회까지 나갔다. 그의 변화는 학습 과정에서 칭찬과 동기 부여가 얼마나 중요한지 보여주는 사례였다.

공부에도 밀당이 필요하다. 아이들은 처음부터 모든 것을 혼자서 할 수 없다. 이때 필요한 것이 바로 부모의 현명한 밀당이다. 부모는 아이가 스스로 해야 할 것과 도움을 필요로 하는 것 사이에서 적절한 균형을 맞추어야 한다. 너무 많은 개입은 아이의 자율성을 방해하고, 너무 적은 관심은 아이의 동기를 잃게 만든다.

결국 자기주도력은 지속적인 단련과 습관의 형성으로 아이의 능동성을 길러주는 것부터 시작된다. 부모가 적절한 때 도움을 주고, 또 필요한 때에 한발 물러서는 전략이 바로 그 비결이다.

자! 이제 바닷가재처럼 성장의 과정이 고통스럽더라도, 그 끝에 더 크고 단단해질 아이를 믿어 보자. 아이가 스스로 학습의 주도권을 잡고, 실패 속에서도 성장하는 법을 배울 것이다. 이 과정에서 부모도 함께 성장하는 기쁨을 느낄 수 있다. 아이의 가능성을 믿고 기다리며, 함께 여정을 시작해 보자.

주눅 든 아이,
자존감 키우는 방법

학습과 자존감, 뗄 수 없는 상관관계

돌이켜 생각해 보면 공부를 잘하고 잘난 아이들보다 학업 성취도도 낮고 소심했던 아이들이 더 기억에 남는다. 보통 이상의 성적을 가진 아이들이 좋은 학원, 좋은 선생님을 만나 대회에서 상을 타고 원하는 대학에 입학하는 일은 어찌 보면 당연한 일이다.

그러나 가끔 성적이 바닥인 아이들이 상담하러 온다. 공부를 못해서 학원에 다녀야 하는데 사실 이런 친구들은 학원에서는 잘 받아주지 않는다. 이런 경우 재원 중인 아이들과 의논해서 인성만 나쁘지 않다면 함께 공부하자고 한다.

짐작하겠지만 안타깝게도 이런 친구들은 자신감은 물론 자존감이 바닥인 경우가 많다. '학원에서 성적만 올려주면 됐지, 뭔 자존감 타령이야?'라고 할지도 모르겠다. 학원이니 공부시켜서 성적 올려 주는 게 제일 중요하겠지만, 그런 생각만으로는 수십 년을 아이들과 함께하지는 못했을 것 같다.

하버드 교육 대학원의 조세핀 킴 교수는 자아 존중감(자존감)이란 인생을 성공적으로 살아가는 데 필요한 핵심 요소 중 하나로 자신에 대한 신념의 집합이라고 했다. 자존감은 두 가지로 구성되어 있는데 하나는 '자기 가치감', 즉 나는 다른 사람의 사랑과 관심을 받을 만한 가치가 있는 사람이라는 생각이고 또 하나는 '자신감', 즉 '나는 주어 진 일을 잘 해낼 수 있다'고 믿는 마음이라고 한다.

어떤 엄마는 "우리 아이가 자신감이 넘치니 자아 존중감도 높겠네요?"라고 묻기도 한다. 대답은 "그럴 수도 있고 그렇지 않을 수도 있다."이다. 부모는 아이의 근거 없는 자신감, 왜곡된 자아상을 바로 보지 못하고 자아 존중감이 높은 것으로 착각하곤 한다. 또 자신감은 충만하다 못해 흘러넘치는 데 자기 가치감이 낮을 수도 있고, 자기 가치감은 높은데 자신감이 부족할 수도 있다. 실제로 자아 존중감이 높다는 것은 자기 가치감과 자신감이 균형 있게 발달해 있음을 의미한다.

그렇다면 자아 존중감이 높은 아이와 낮은 아이는 어떤 차이가 있을까? 자아 존중감이 높은 아이는 타인에 대한 공감 능력이 발달되어 있고 자기에 대한 긍정적인 마음이 있어서 다른 사람의 실수나 잘못 역시 너그럽게 받아들이는 경향이 있다. 하지만 자아 존중감이 낮은 아이는 자기에 대한 부정적인 마음이 크다. 그로 인하여 표정도 어둡고 남 탓을 잘한다. 다른 사람의 실수나 잘못에 대해 관대하지도 못하다. 또한 자아 존중감이 낮은 아이들은 컴퓨터 게임처럼 생산적이지 못한 일에 몰두한다. 바깥 활동을 귀찮아한다.

반면, 자아 존중감이 높은 아이들은 표정부터 다르다. 컴퓨터 게임을 하더라도 스스로 절제할 줄 알며 친구들과 잘 어울리려고 하고 여러 가지 활동을 한다.

자아 존중감은 여유 있는 사고방식을 유도한다. 자아 존중감이 높은 사람은 살아가면서 부딪치는 문제에 유연성 있게 대처하고 일, 사랑, 우정, 가족 관계에서 두루 성공할 가능성이 크다.

사소하지만 확실하게 아이의 자존감 높여주는 법

어떻게 하면 우리 아이의 자존감을 높여줄 수 있을까?

지금 고3인 둘째 아이가 돌 무렵이었을 때였으니 참 오래전 일이다. 당시 중2였던 한 남학생이 엄마 손에 이끌려 나에게 찾아왔다. 딱 봐도 소심해 보이는 아이였다. 표정도 어둡고 목소리도 아주 작고 모르는데 질문도 못 하는 아이 말이다. 공부방을 막 시작할 때여서 학생이라곤 그 아이와 다른 아이 한 명, 이렇게 두 명뿐이었다. 뭐가 그렇게 부끄러운지 나로서는 답답할 뿐이었다. 좀 용기를 내주었으면 하고 마음속으로 바랐다.

함께 공부를 시작하고 일주일쯤 되었을 때 그 학생의 어머니가 찾아왔다. 상헌이가 집에 와서는 "엄마! 문제를 못 푸는 데 선생님이 혼내질 않아."라고 했다는 거다. 처음에는 황당했다. 물론 나는 말해 놓고는 까맣게 잊어버리고 있었다. '이게 찾아올 일인가?'라고 생각하고 있었다.

상헌이의 어머니가 말하길 상헌이가 문제를 모른다고 하니 내가 엄청나게 좋아했다고 한다. "어머 괜찮아, 상헌이가 선생님 심심할까 봐 질문거리를 만들어 주는구나. 모르는 건 선생님이 알려주면 되지."

도대체 이 아이는 왜 사소한 나의 말 한마디에 감동하여 저녁 먹는 내내 엄마에게 자신의 마음을 전한 것일까? 상헌이 엄마는 자신만 듣고 말면 될 것을 왜 나를 찾아온 것이었을까?

아이 중에는 하나를 알려주면 하나, 둘, 셋…, 열을 아는 아이들도 있다. 하지만 하나를 알려주면 반의반도 모르는 아이들도 있다. 아이마다 지식을 받아들이는 속도가 다르다. 모든 아이가 다 같을 수는 없지 않은가? 둘밖에 안되는 우리 집 두 아들들도 둘째는 하나를 알려주면 둘, 셋, 열을 아는 아이다. 반면 첫째는 하나를 알려주면 반의반도 모르는 아이였다. 처음에는 다그쳐도 보고 타일러도 봤다. 항상 전교권에서 놀던 나로서는 이해가 되지 않았다. 하지만 조금 기다려주니 굴러가는 속도가 점점 빨라졌다. 첫째는 그냥 받아들이는 속도가 느린 아이였다. 일단 이해하고 나니 응용력은 엄청난 아이였던 거였다.

다른 아이들도 그렇듯 우리 아이에게 어떤 재능이 있는지 모르니 미술도 시키고 피아노도 시키고 바이올린, 태권도 이것저것 다 시켜봤다. 심지어 당시에는 잘 시키지 않던 미술 심리치료도 시켜봤다. 그때는 아이의 미래가 그려지지 않았다. 내 자식이 왜 이러지?

그러다 아이가 프로그래밍에 관심을 가지고 꾸준히 노력하는 점을 보았다. 지금이야 흔하지만, 그땐 초기 단계여서 코딩학원을 찾고 찾아 본격적으로 코딩을 시켰다. 자신에게 꼭 맞는 분야를 찾아서인지 시작한 지 일 년도 되지 않아 정보 올림피아드에서 수상도 했다. 예전에 느려터졌던 그 아이는 지금은 개발자의 길을 걷고 있다.

다시 상헌이에게로 돌아가 보면, 상헌이가 우리 큰아들과 같은 아이였던 거다. 나에게 오기 전에는 학원에서 "이것도 모르냐, 왜 자꾸 틀리냐?" 하고 매일같이 혼만 났던 거였다.

나에 대한 그날의 감동을 전하다 그동안 혼났던 이야기까지 풀었으니, 어머니의 감동이 배가 되었던 것 같다. 그 감동 때문에 다음날 나를 찾은 것이었다. 그날 이후로 상헌이는 질문도 곧잘 하고 표정도 부드럽게 바뀌었다. 상헌이의 성적도 차츰차츰 올라가더니 내 공부방을 학원으로 만들어주었다.

아이의 틀림이 아니라 다름을 인정하자. 아이들은 어차피 아이가 아닌가? 우리 엄마 아빠도 아이 때는 무엇이든 잘하는 사람이 아니지 않았는가. 조금 느린 나의 아이가 틀린 것인가? 아이들이 24시간 학원에 앉아만 있다고 성적이 쑥쑥 오르는 거면 학원 선생님들이 다 알아서 하면 된다. 아니지 않은가?

아이를 잘 키우는 데는 '아이'와 '선생'만이 아니라 '부모'도 중요함을 우리 모두 잘 알고 있다. 나의 말 한마디가 상헌이를 행복하게 만든 것처럼 부모의 말 한마디가 아이의 자존감도 높이고 아이의 미래도 바꿀 수 있다. 부모의 말 한마디가 아이의 인생을 실패의 인생에서 성공의 인생으로 갈 수 있는 열쇠다. 그렇다고 아이의 자존감을 높이겠다고 무조건적인 칭찬을 하라는 건 아니다.

아이를 한 인격체로 인정해 주자. "아니 또 게임이냐?", "너는 맨날 왜 그래?", "숙제했어? 도대체 너는 뭐가 되려고 그래?" 이런 말은 좀 꾹 참자. 오늘부터 두 눈 크게 뜨고 칭찬할 꼬투리를 찾아보는 건 어떨까?

"어머, 오늘은 어제보다 게임을 10분이다 적게 했네! 잘했어!"

부모의 역할,
모범이 되는 삶

20년 전의 결심

대학 시절 학교 과제로 〈캣츠〉 내한 공연을 본 적이 있다. 배우 한 명 한 명 각기 다른 고양이 역할을 하는데 소름 돋았던 경험이 있다. 그 경험은 내게 강렬한 기억으로 남아있다. 내가 만약 이 공연을 중·고등학교 시절에 봤다면 뮤지컬 배우를 꿈꾸지 않았을까? 이뿐만 아니라 성인이 되고 난 후에 많은 경험을 하면서 학창시절에 다양한 경험을 못해본 것이 아쉬움으로 남았다.

이때 난 결심했다. 결혼하고 아이들이 생기면, 아이들이 어릴 때 수많은 경험을 할 수 있도록 해야겠다고. 10년이 지나 결혼하게 되었고 세 아이의 아버지가 되었다. 현재 세 아이 모두 초등학생이다.

그리고 나는 아이들이 다양한 경험을 하도록 다양한 노력을 기울이고 있다.

첫째, 다양한 책을 읽는다.

책을 읽는 건 억지로 시킨다고 되는 게 아니다. 책을 읽을 수 있는 분위기를 만들어 주는 게 중요하다. 그래서 우리 가족은 주말에 모두 함께 도서관에 자주 간다. 함께 책을 읽고 내용에 관하여 이야기한다. 물론 그에 따른 보상도 있다. 서점에 가서 읽고 싶은 책을 사주기도 하고 평소에 잘 못 가는 맛집에도 간다. 집에서도 마찬가지다. 주말이면 온종일 스마트폰만 보고 있는 아이들. 그렇다고 하루 종일 공부하거나 책을 읽을 수도 없다. 하루에 한 시간씩 세 타임 정도 함께 책을 읽거나 공부한다. 이때는 아빠, 엄마, 할머니도 아이들이 집중할 수 있도록 함께 책을 읽거나 공부를 도와준다.

둘째, 주말에 여행을 다닌다.

아이들이 좋아하는 놀이동산이나 테마파크에도 가지만 국사책에 나오는 유적지에 더 많이 가려고 노력한다. 지역마다 스탬프투어나 관광안내소가 잘 되어 있어서 아이들도 지루해하지 않고 잘 따라다닌다. 이동하는 차 안에서도 유적지 관련 영상을 보면서 역사에 대해서 이야기해보는 시간도 가진다. 국경일에는 UN기념공원 혹은 박물관에 가보기도 한다. 책에서 배운 국사를 눈으로 직접 보고 피부로 느껴보는 것도 좋은 공부가 된다.

셋째, 한 달에 한 번은 가족 모두 함께 요리한다.

요리라고 하기에는 조금 부끄럽지만, 샌드위치를 만든다. 그러려면 전날 미리 장을 본다. 식빵, 치즈, 양상추, 햄 등등. 재료를 준비하고 나면 막내는 토스트기에 빵을 굽는다. 둘째는 구워진 빵에 딸기잼을 바르고 치즈를 얹는다. 첫째는 아빠가 구운 계란 후라이와 햄을 가져다 올린다. 엄마는 채소, 과일 담당이다. 양상추는 기본으로 넣고 토마토 혹은 사과를 주로 넣는다. 그렇게 가족 모두 함께 샌드위치를 만든다. 세상에서 제일 맛있는 샌드위치. 내가 초등학생 때 우리집에서 이렇게 샌드위치를 만들어 먹었었다. 그때 난 사과 깎는 걸 담당했었다. 가족 모두 동참해서 만들어 먹는 샌드위치. 그렇게 샌드위치를 가족과 함께 만들어 먹으며 나는 내가 아버지가 되었을 때, 내 가족과 함께 해보고 싶었다. 그렇게 지금 함께 요리하며 살고 있다.

넷째, 함께 문화생활을 즐긴다.

아이들이 볼만한 영화를 같이본다. 꼭 영화관에 가지 않아도 집에서도 가능하다. 하루 종일 스마트폰으로 영상들을 보지만 함께 영화를 보고 그 영화에 대해서 이야기해보는 건 다르다. 연극/뮤지컬도 한번씩 보러간다. 나의 끼를 물려받았다면 연극배우나 뮤지컬배우를 꿈꿀 수도 있다는 생각을 한다. 또한 지역축제에 자주 참여한다. 볼거리 먹거리도 많지만 체험할수 있는 프로그램들이 많다. 평소에 경험해보지 못한 경험을 해보는 거라 아이들도 좋아한다.

대한민국 아빠라면 최수종처럼

대한민국을 대표하는 연기자이자 사랑꾼으로 유명한 최수종. 배우 최수종의 아들이 아버지 생신 선물과 함께 편지를 전달했는데 "아버지는 항상 저의 롤모델이었고 앞으로도 그럴 것"이라고 적었다고 한다.

대한민국 아버지라면 누구나 꿈꾸는 일일 것이다. 아이들의 롤모델이 되는 것. 아이들의 롤모델이 되려면 어떻게 해야 할까? 돈만 많이 번다고 롤모델이 되는 걸까? 명확한 답은 없지만 그건 아닌 것 같다. 물론 형편이 어려워 자녀들에게 배움의 기회를 줄 수 없다면 문제가 되지만, 아이들의 몸과 마음이 성장하는 시기에 함께 시간을 보내고 소통을 자주 하려고 노력하는 것은 도움이 될 것이다. 아이들 스스로 '나도 나중에 아빠, 엄마가 되었을 때 내가 어릴 때처럼 주말에 가족과 함께해야지'라는 생각을 가져보길 기대한다.

'아이들 앞에서는 찬물도 못 마신다'라는 말이 있다. 내 행동을 그대로 따라 하는 아이들. 모범이 되기 위해서 다양한 노력을 하고 있다. 그중 하나가 자기 계발이다. 전공 관련해서 성장을 위해서 관련 책을 읽거나 교육 영상을 본다. 대외적인 활동도 중요하다. 나는 미스코리아 심사위원을 했고, 벡스코에서 진행하는 취업박람회 면접관으로 참여했다. 지역 축제 관계자로 인터뷰도 여러 번 했고 세바시 무대에서 강연도 했다. 우리 아이들도 아빠의 모습을 보며 끊임없이 성장하길 기대해 본다.

아이의 강점에
집중하라

"예전에는 다할 수 있었어요."

초등학교 5학년 수연이가 어느 날 내 앞에서 눈물을 뚝뚝 흘렸다. 수연이는 친구들 사이에서도 모범생으로 유명하다. 어떠한 과제도 뚝딱 해치우던 아이가 요즘 슬럼프에 빠져 자신을 다그치고 있었다. 혼자서 조용히 실망하며 자책하는 아이에게 말해주었다.

"너 자신이 부족하다고 생각하는 그 소용돌이에서 벗어나렴. 대신 조금이라도 잘할 수 있는 것을 찾아보고 거기에 집중해 보자."

다음 날, 수연이는 자습실에 와서 단어테스트를 보고는 "저 좀 잘한 거 같아요!" 하며 싱긋 웃으며 나갔다. 수업 날도 아닌데 말이다.

지금 내가 할 일은 이 아이가 잘하고 있는 것에 기름을 붓고 불을 질러주는 것이다. 그것에 대해 사소한 대화라도 나누며 좀 더 잘하는 자신에게 집중하게 하는 것이다. 그저 내 시간을 조금만 내어주면 된다. 더욱더 에너지를 낼 수 있도록.

"이런 식으로 하면 너 거기서 절대 못 따라가." 불안감을 조성하고 겁박으로 아이의 마음을 붙잡아 놓는 건 쉬운 일이다. 당장 달라질 수 있으니까. 잘 끌고 오면 코앞의 시험 결과는 좋아질 수 있으니까. 하지만 언젠가 또 이런 힘겨운 시기를 아이는 마주할 거다. 그때에도 자신의 부족함에 집중하지 않고, 당장 할 수 있는 것에 눈을 돌릴 수 있도록 효과적인 비법을 알려주면 더 낫지 않을까?

한국 학생과 미국 학생은 왜 자신을 바라보는 시선이 다른가

펜실베니아 사회학과 리처드 교수의 강연 영상이 인기다. 리처드 교수가 한국 학생 한 명과 미국 학생 한 명을 앞으로 불러내었다. 그러고는 두 학생에게 각각 스스로에 대해 평가하고 말해보는 몇 가지 질문을 던졌다. 먼저 미국 학생은 자신이 잘하는 거에 초점을 맞추며 이야기했다. 과연 저게 자랑이 될까 싶은 특별하지 않은 것까지 세세하게 쪼개서 자신을 흠뻑 칭찬했다. 하지만 한국 학생은 그 반대였다. 교수의 모든 질문에 특별히 잘하는 게 없다는 듯 쑥스러워하며 대답을 이어갔다. 정작 인터뷰 끝에는 우수한 성적으로 2년 만에 조기졸업을 할 만큼의 반전이 있었지만 말이다. 박수갈채를 받았지만, 이 정도는 크게 잘하는 게 아니라는 생각은 변함없는 듯했다.

미국 학생의 자신감은 그의 부모로부터 온 것이었다. 사소한 장점에도 의미를 부여받으며 자랐다고 한다. 내가 만나본 외국인들도 열에 아홉이 "내가 당장은 이걸 못하지만 앞으로 잘할 거라서 걱정할 필요가 없다"고 했다. 자신의 약점에 그리 흔들리지 않고 스스로에 대한 신뢰가 높은 편이다.

그럼, 우리 한국 학생은 왜 자신의 강점을 더 작게 보았을까? 리처드 교수는 이것이 경쟁이 치열한 한국의 학생들이 가진 독특한 면이라고 한다.

초등 고학년 이상의 학부모와 상담하다 보면, 아이에게 칭찬하면 큰일 난다고 생각을 하는 분들이 꽤 된다. 노력해서 시험점수가 많이 올랐는데도, "누구는 100점 맞았다더라. 무슨 상도 탔다더라. 너 지금 자만하면 안 돼. 핸드폰 시간을 조금만 더 줄이면 얼마나 더 잘하겠니." 부모에게 이런 대답을 듣는다면 어떻겠는가?

많은 학생이 나에게 하소연한다. 부모님이 칭찬을 좀 해줬으면 좋겠다고, 그럼 힘이 나서 뭐라도 해볼 에너지가 날 거 같다고 말이다.

자신의 강점을 믿지 않는 아이

이제는 중학생이 된 주연이는 초등학생 때부터 다른 친구들에 비해 진도가 매우 느렸다. 친구들이 교재를 두세 권 끝내는 동안 주연이는 한 권을 겨우 마무리했다. 공부 속도만 봤을 때, 많이 부족한 아이인 듯싶다. 하지만 주연이의 책을 열어보면, 공부한 흔적과 선생님께 피드백 받은 흔적으로 종이가 빼곡하다. 완벽주의 성향의 아이라서, 작은 궁금증도 그냥 넘어가지 못하고 질문을 많이 한다. 완전하게 이해가 될 때까지 몇 번이고 끙끙거리며 보는 아이다. 한 권을 마스터한 주연이의 실력은 책 두세 권을 끝낸 친구들을 분명 넘어선다.

실제로 중학교 내신시험에서도, 초등부 때 진도가 빨랐던 다른 친구들보다 더 높은 최상위권을 차지했다. 중간고사와 기말고사 두 번 다 흔들림 없는 최상위권이었다.

하지만 이렇게나 잘하는 아이가 늘 죄인처럼 "선생님, 죄송합니다."를 달고 살았다. 진도가 느린 것에만 초점을 맞춘 채, 자신의 부족함을 드러내었다. 아이를 붙잡고, 누구보다 잘하고 있다는 것을 입이 마르게 설명해도, 여전히 자신을 낮추는 아이가 참 속상했다.

어떤 요인으로 인해 주연이는 자신의 강점보다 약점을 더 보게 되었을까? 스스로를 믿지 않는 아이의 불안이 언제 뻥 터져버릴까 위태롭다. 과연 위기가 왔을 때, 자신에 대한 믿음을 잃지 않고 담대하게 이겨 낼 수 있을까?

비단 주연이만의 문제는 아니다. 우리나라 사람들은 경쟁이 워낙 치열하지 않은가! 잘하면 더 잘하라고 채찍질, 또 못하면 못 한다고 더 채찍질. 그렇게 몰아붙이지 않아도 아이들은 충분히 성장할 수 있다. 모두 완벽하게 잘하려고 애쓰지 말고, 아이가 잘하는 것에 좀 더 집중해 보면 어떨까?

아이가 가진 부족함은 인정하고, 잘하는 것을 '먼저' 보는 거다. 그래서 못 하는 것도 한번 해볼 수 있겠다는 마음을 먹어볼 수 있도록, 그 에너지를 낼 수 있도록 말이다. 우리의 인정으로 아이 마음의 그릇을 키워주자.

3장.

공부 체력 기르기

: 학습 습관과 환경 조성

개근거지가
성공하는 이유

성공한 사람들의 단 한 가지 특징

어느 날, 한 초등 3학년 학생이 쉬는 시간에 나에게 다가와 해외여행을 다녀온 친구의 이야기를 하며 이렇게 말했다.

"선생님, 해외여행 안 가면 개근거지 소리 들어요."

순간 나는 잠시 멈칫했다. 아이들이 생각보다 더 일찍부터 경제적 차이와 물질적 경험에 민감하다는 것을 깨달았기 때문이다. '개근거지'라는 말은 해외여행을 가지 못한 친구들을 놀리는 용어로, 이 시대에 유행하며, 상대적 빈곤감을 부추기고 있다. 그러나 이 말은 그저 아이들 사이의 장난으로만 여겨지지 않았다. 오늘날 우리 사회의 경제 불평등 문제와 물질적 경험에 대한 압박을 여실히 드러내는 신호였다.

하지만 이런 상황에서 우리는 진정으로 중요한 질문을 던져야 한다. 아이들의 성공에 정말로 필요한 것은 무엇인가? 단순히 해외여행과 같은 물질적 경험이 그들의 성장을 돕는가? 아니면 그들의 내면에서 성실함의 가치를 인식시키며 삶을 꾸준히 살아가는 태도를 만들어 주는 것이 더 중요할까?

사실, 진정한 성공의 열쇠를 이야기할 때 성실함과 규칙적인 생활 습관을 뗄 수가 없다. 학교 생활에서의 성실함은 단순히 성적 향상을 넘어서, 인생의 성공을 준비하는 과정의 첫걸음이다. 이러한 습관은 장기적으로 아이들의 미래에 지속적인 영향을 미치며, 올바른 가치관과 책임감을 길러준다.

성실함은 일관된 노력과 책임감을 바탕으로 매일의 삶을 살아가는 태도이다. 이는 학교에서 단순히 매일 출석하는 것을 넘어서, 맡은 일에 최선을 다하고 목표를 이루기 위해 꾸준히 노력하는 과정에서 형성된다. 성실은 아이들이 성인이 되었을 때 사회에서 책임감 있는 구성원으로 살아가기 위한 중요한 자산이 된다.

성공한 사람들의 공통적인 특징이 한 가지 있다. 그들은 단기적인 성과를 넘어, 매일의 작은 노력을 쌓아가면서 장기적인 성공을 이룬다. 규칙적인 생활 습관은 끊임없는 자기 관리와 자기 성찰을 가능하게 한다. 성공은 한 순간에 이루어지지 않는다. 노력이라는 씨앗을 심고, 성실함이라는 거름을 주어야만 성공의 꽃이 피어난다.

성실하다는 것은 일관적인 믿음을 주는 것이다. 이러한 신의信義는 아이들에게 가장 중요한 성공의 토대가 된다.

부모들은 종종 자녀가 경제적 격차에 휘둘리지 않게 하려는 마음으로 다양한 경험을 제공하려 한다. 해외여행을 다녀오게 하고, 여러 가지 활동에 참여하는 것이 아이의 성장에 도움이 될 것으로 생각하기 때문이다. 그러나 실제로 아이의 학업 성과와 미래의 성공에 중요한 것은 그보다 더 근본적인 요소이다.

아이에게 필요한 것은 단기적인 만족을 주는 외적 경험이 아니다. 스스로 목표를 세우고 그 목표를 이루기 위해 꾸준히 노력하는 내적 동기와 규칙적인 생활 습관과 학습 습관이다.

미국의 교육 심리학자 앤젤라 더크워스는 자신의 연구에서 '성실성Grit'이 학업 성공의 중요한 요인임을 강조했다. 그녀는 성실함과 끈기가 학업 성취도와 밀접하게 연관되어 있으며, 재능이나 지능보다 더 큰 영향을 미친다고 밝혔다. 꾸준히 노력하는 학생들이 장기적으로 더 높은 성과를 낸다는 것이다.

이러한 연구는 외적 요인에 의존하는 것보다 내적 동기와 자기 효능감을 기르는 것이 아이의 장기적인 성공에 얼마나 중요한지를 다시 한번 상기시켜 준다.

부자들이 물려주는 진짜 유산

내가 대치동 학원의 한 지방 분원에서 근무할 때의 경험이다. 그곳의 학생들은 대부분 물질적으로 매우 풍족한 환경에 있었다. 학원의 수강료는 시중보다 세 배가량 높았고, 학생 중 상당수는 내로라하는 기업의 자제이거나, 혹은 유명 병원장 등의 자녀들이었다.

그렇게 풍족한 가정의 아이들이었지만, 이들 가정의 부모는 공통점이 한 가지가 있었다. 그것은 물질적 지원뿐만 아니라, 성실함과 책임감, 자기 관리를 가르쳤다는 점이다. 오히려 일반 가정보다 더욱 철저하게 자녀들이 올바른 생활 습관을 가질 수 있도록 이끈다는 것을 알았다.

그 아이들이 높은 성과를 내는 이유는 단순히 경제적 여유 때문이 아니었다. 이들 가정에서 자녀에게 심어준 전통적인 가치와 기본적인 소양을 갖추게 하는 교육은 자녀들의 학습 성과에 큰 영향을 끼쳤다.

그들은 하나같이 예의 바르고, 결석이라고는 모르게 성실했다. 매일 정해진 시간에 일어나 학습 계획을 세우고, 부모의 꾸준한 지지 속에서 학습 목표를 달성해 나갔다.

이런 가정에서는 학업 성취가 단순한 목표가 아니라, 삶의 중요한 가치로 자리 잡고 있었다. 아이들이 얻은 것은 그저 성적 향상뿐만 아니라, 책임감과 성실함이라는 인생의 기본 원칙이었다. 그들에게는 경제적 지원보다 모든 일에 최선을 다하는 태도와 책임감이 더 중요한 열쇠였다.

성실함은 단지 학업 성적을 올리는 데 그치지 않는다. 아이가 미래의 다양한 도전 속에서 자신이 맡은 일을 책임감 있게 해내고, 목표를 성취해 나가는 데 필요한 중요한 기반을 제공한다. 어릴 때부터 좋은 습관을 기르면, 그 습관은 성인이 되어서도 다양한 상황에서 성공적으로 적응할 힘이 된다.

또한 아이가 자기 주도적으로 학습할 수 있는 환경을 만들어 준다. 부모는 자녀에게 지나치게 외적 경험을 강조하는 대신, 아이 스스로 목표를 세우고, 그 목표를 이루기 위해 노력하는 과정을 중요하게 여겨야 한다.

이런 환경은 단순한 물질적 혜택을 넘어, 아이가 자신의 삶을 주도적으로 설계하고 목표를 달성하는 과정에서 얻은 성취감을 제공한다. 결국, 성실한 학교생활은 나아가 성인이 되어 믿을 수 있는 사회구성원으로 성장하는 기반이 된다. 이는 곧 아이가 인생에서 성공을 준비하는 데 첫 발판이 된다.

'개근거지'라는 말은 오늘날 경제적 차이와 물질적 경험에 대한 압박을 상징하지만, 그 이면에는 성실함과 책임감의 가치가 얼마나 중요한지를 역설적으로 보여준다.

외적 경험이 일시적인 흥미를 줄 수 있다. 하지만, 아이가 진정한 성공을 이루기 위해 필요한 것은 삶의 목표를 내면화하고, 꾸준히 노력하는 성실함의 강화이다. 이를 내적 동기의 강화라 이름하겠다. 부모는 자녀에게 물질적 경험보다, 믿을 수 있는 사회의 일원으로 성장할 수 있도록 돕는 것이 중요하다.

나는 어릴 때부터 아버지께 항상 이 말을 듣고 자랐다.

"언제 어디서나 행동이 예상이 되는 사람이 되어라. 그게 믿을 수 있는 사람이다. 믿을 수 있는 사람이 인재다."

진정한 인재란, 자신에게 주어진 책임을 묵묵히 수행하며, 어떤 상황에서도 의지할 수 있는 사람이다. 이런 사람이야말로 사회와 인생에서 진정한 성공을 거둘 수 있는 사람이다.

결국 좋은 인성이
능력이다

#북유럽 #핀란드 교육

대한민국 사람들이 좋아하는 대표적인 키워드다. 특히 '핀란드 교육'에 많은 사람이 반응한다. 핀란드 교육은 흔히 전 세계적으로 모범적인 교육 시스템으로 알려져 있다. 핀란드 교육이 주목받는 이유는 학업 성취도뿐만 아니라 학생들의 행복감, 창의적인 학습 환경, 평등한 기회 제공 등 여러 면에서 탁월하다고 평가받기 때문이다.

핀란드의 교육은 인성과 학습의 조화를 중시한다. 학생들에게 개인의 책임과 공동체적 가치를 강조하며, 이를 통해 세계 최고 수준의 학업 성과를 유지하고 있다.

높은 지능이 성공을 보장하지 않는다

현대 사회에서 성공의 기준은 단순히 지능이나 기술적 역량만으로 결정되지 않는다. 인성, 즉 인간으로서의 품성과 도덕적 가치관이 그 무엇보다 중요하게 평가된다. 이는 학업과 직장에서의 성과뿐만 아니라 개인의 삶의 질에도 영향을 미친다. 그렇다면 왜 인성이 능력 발휘의 핵심 조건일까?

한 연구에서는 협력 학습 환경에서 공감 능력이 높은 학생들이 그렇지 않은 학생들에 비해 성취도가 높게 나타났다. 이는 단순히 과제를 수행하는 능력뿐만 아니라, 문제 해결 과정에서 타인과의 소통과 협력을 통해 최상의 결과를 도출할 수 있기 때문이다. 반면, 개인주의적이고 경쟁 중심적인 환경에서는 지능이 뛰어나더라도 협력 부족으로 인해 성과가 제한되는 경우가 많았다.

심리학자 대니얼 골먼Daniel Goleman은 '감성 지능EQ'이 성공에 미치는 영향을 강조하며, 공감, 자기조절, 사회적 기술 같은 인성 요소가 전문적 성취와 강하게 연결되어 있음을 밝혔다. 이 연구는 개인의 기술적 능력만으로는 조직에서 탁월한 성과를 낼 수 없다는 점을 입증하며, 감성 지능의 중요성을 부각시켰다.

심리학자 마틴 셀리그먼Martin Seligman의 긍정심리학에서는 '성격 강점Character Strengths'이 성공과 행복의 기초가 된다고 강조한다. 특히, 정직, 공감, 책임감 같은 특성은 개인의 내적 동기를 자극하고,

외부의 지원을 유도하여 개인의 능력을 극대화하는 것이다. 교육학적 관점에서도 인성과 학습은 상호보완적 관계로 설명된다.

또한, 하버드 대학교의 연구에 따르면 정서적 안정과 긍정적 태도를 가진 학생들이 그렇지 않은 학생들에 비해 학업 성취도가 평균 30% 더 높았다. 이는 인성이 학습의 동기와 태도에 직접적으로 영향을 미친다는 점을 보여준다.

이러한 인성을 요소별로 살펴보면 아래와 같다.

1. 공감과 소통

공감 능력은 타인의 감정을 이해하고, 이를 바탕으로 적절하게 대응할 수 있는 능력이다. 이는 단순히 인간관계를 원활히 하는데 그치지 않고, 팀워크와 리더십을 발휘하는 데 필수적인 요소이다. 실제로 글로벌 기업에서 실시한 연구에서는 성공적인 리더들이 높은 수준의 공감 능력을 갖추고 있었다는 결과가 나왔다.

2. 책임감과 성실성

책임감은 주어진 일에 최선을 다하고, 결과에 대해 책임지는 태도이다. 이는 학습 환경에서도 중요한 역할을 한다. 책임감 있는 학생은 스스로 학습 목표를 설정하고 이를 달성하기 위해 꾸준히 노력한다. 한 실험에서는 책임감을 훈련받은 학생 그룹이 그렇지 않은 그룹보다 20% 높은 성취도를 기록한 바 있다. 또한, 책임감이 높은 학생들은 어려운 과제에도 끈기 있게 도전하며 실패를 두려워하지 않는 태도를 보였다.

3. 정직과 신뢰

정직은 자신과 타인에게 진실한 태도를 유지하는 것이다. 이는 신뢰를 쌓는데 필수적인 요소로, 장기적인 관계와 협업에서 중요한 역할을 한다. 정직한 태도를 가진 사람들은 주위 사람들로부터 지지를 받기 쉽고, 이는 더 나은 결과를 만들어 낸다. 특히, 정직은 장기적으로 학생들에게 자존감과 윤리적 가치관을 심어준다.

4. 협력과 팀워크

팀워크는 현대 사회에서 점점 더 중요한 요소로 주목받고 있다. 협력을 통해 학생들은 서로의 강점을 활용하고, 약점을 보완하며 목표를 달성한다. 예를 들어, 프로젝트 기반 학습PBL에서 협력적 태도를 보인 학생들이 단독으로 학습한 학생들보다 성취도가 높다는 연구 결과가 있다.

이걸 놓쳐서는 진정한 성공에 이르기 어렵다

일본의 교육 시스템에서는 도덕 수업을 통해 학생들에게 공감, 정직, 책임감 등의 핵심 가치를 가르친다. 일본의 인성 교육이 단순히 도덕적 가치관을 심어주는 것에 그치는 것이 아닐 것이다. 이는 우리나라도 마찬가지다. 학교에서 군이 '인성'과 '도덕'을 이야기하는 것이 그 공간이 아이들의 작은 사회이기 때문만은 아니다. 도덕 교육이 학생들에게 사회적 책임감을 키워 학습 효율성 향상에 기여한다는 믿음도 있다고 생각한다.

또 미국에서는 아이들이 가정에서 가사 분담을 통해 책임감을 배우도록 한다. 이러한 환경에서 자란 아이들은 학교와 직장에서 책임을 자연스럽게 받아들이며, 성취도가 높은 모습을 보였다. 이는 가정 환경에서의 인성 교육이 학습 및 사회적 성공에 중요한 역할을 한다는 점을 강조한다.

결국 인성은 능력을 발휘하는 데 있어 필수 기반이다. 공감, 책임감, 정직과 같은 인성 요소는 학업과 사회적 성공에 직접적으로 영향을 미치며 개인의 삶을 풍요롭게 만든다. 부모와 교육자는 아이들에게 이러한 가치를 심어주는 역할을 담당해야 한다. 인성을 바탕으로 한 학습과 성장만이 진정한 성공을 가져올 수 있다는 사실을 기억해야 한다.

가정과 학교는 학생들에게 인성과 능력을 동시에 개발할 수 있는 환경을 제공해야 한다. 이를 위해서는 학생들의 정서적 안정과 사회적 기술을 길러주는 교육이 필수적이다.

또한, 부모와 교사가 아이에게 일관된 메시지를 전달하고, 모범을 보이며 학생들에게 긍정적인 영향을 끼쳐야 한다. 이렇게 균형 잡힌 접근 방식을 통해 우리는 아이들이 더 나은 세상에서 성공적으로 살아갈 수 있도록 도울 수 있다.

부모의 관심과
학습 효과의 상관관계

지나친 관심은 오히려 독이 된다

한 방송에서 오은영 박사가 "아빠의 관심 정도가 아이의 성장 발달에 큰 영향을 미친다"고 이야기한 기억이 난다. 그럼, 엄마는? 엄마의 관심은 중요하지 않다는 건가?

사실 한국 사회에서 육아 주인공은 아직 엄마들이다. 헬리콥터맘, 드론맘, 돼지맘, 캥거루맘, 타이거맘, … 맘도 참 많기도 하다. 그만큼 엄마들이 아이들에게 많은 관심을 표현한다는 것 아닐까? 관심! 내 자식에게 관심을 가지는 것은 지극히 당연하다. 나랑 똑 닮은 미니미니까 말이다.

아이가 태어나면서부터 엄마는 아이와 사랑에 빠진다. 어쩜 이리

작고 귀여운지, 우유만 먹었을 뿐인데 '잘했다', 트림만 했을 뿐인데 '잘했다', 하물며 똥만 쌌을 뿐인데 '잘했다'. 오죽하면 눈에 넣어도 아프지 않다고 하겠는가. 하지만 안타깝게도 아무리 내 새끼라도 눈에 넣으면 아프다. 아마 피눈물이 날 것이다.

부모가 아이에게 관심을 가지고 애정을 기울여야 한다. 부모가 아이와 깊은 유대감을 가지고 정서적으로 바람직한 교감을 가질 때 아이는 정서적으로 안정감을 느낀다. 정서적 안정감을 느끼는 아이는 자립심을 가지고 능동적으로 과제를 수행한다. 더 나아가 독립적인 사회의 구성원으로 자라난다. 이는 조금만 생각해 봐도 잘 알 수 있을 것이다.

아이들이 어릴 때 나는 화분을 자주 샀다. 행여나 아이들의 정서에 조금이라도 도움이 될까 해서였다. 하지만 안타깝게도 우리 집에 온 화초들은 오는 족족 죽어버렸다. 정성을 들여 물도 주고 잎도 반짝반짝하게 닦아 주고 영양제도 꽂아주었건만 나의 노력도 무색하게 죽어버리기 일쑤였다.

십여 개의 화초를 하늘나라로 보내고 궁여지책으로 꽃집에 화분을 들고 갔다. 그제야 알았다. 너무 많은 물이 독이 된다는 것을… 나는 공자가 그 옛날 논어에서 일러준 '과유불급'을 책에서만 알고 있던 것이다. 나의 그 불쌍한 화초들을 위해서 무려 논어에서 알려주었는데 아둔한 나는 어쩌자고 그 불쌍한 아이들을 저세상으로 보냈단 말인가! 오호, 통제라!

공자님의 '과유불급'이 나의 불쌍한 화초들에만 해당되는 말은 아닐 것이다. 우리 눈에 넣으면 아프지만 너무나도 소중한 아이들에게 관심을 너무 많이 쏟아붓고 있는 건 아닌지 살펴보아야 한다.

물론 아이를 논밭의 잡초처럼 내버려 두면 어느 순간 뽑히든지 소에게 먹히든지 말라 죽어버릴 것이다. 아이에게 아무런 자극도 주지 않는다면 향상도 없다.

하지만 아이에 대한 지나친 관심은 오히려 독이 된다. 나의 그 불쌍한 화초들처럼 말이다. 나는 관심이고 사랑인데 아이는 간섭과 통제로 느끼는 것이다. 아이가 어릴 때는 묵묵히 수용하지만, 사춘기쯤 되면 창이 되어 나와 아이를 찌르고 만다.

또한 지나친 관심은 아이 자신에 대한 신뢰감도 앗아간다. 자신의 충족감과 성취감을 찾기보다는 부모의 눈치를 먼저 본다. 부모가 만족할 만한 결과를 얻지 못했다는 생각이 들면 아이 스스로 무능력한 사람이라고 치부해 버린다. 자신에 대한 신뢰감이 무너져 내려 버리는 것이다.

부모가 지나친 사랑과 관심으로 아이들의 결정권마저 앗아간다면 아이들은 독립심과 자립심을 형성할 기회도 놓쳐버린다.

헬리콥터보다는 등대 같은 부모

나도 한때는 그런 부모였다. 아이가 팔을 다쳐 한동안 캐스트를 하고 있었다. 오른손잡이가 오른손을 다쳤으니 불편할 것 같아 하나 둘 하다 보니 어느덧 내가 모든 걸 해주고 있었다. 옷도 내가 입혀주고 밥도 먹여 주고 씻겨 주고 있었다. 나는 내가 무슨 짓을 하는지도 모르고 유치원생이었을 때는 물론이고 이제는 초등학생이 된 아이의 숙제도 내가 주도적으로 하고 있었다. 숙제는 물론 무슨 공부를 할지 무슨 책을 읽을지 아이의 모든 것을 내가 진두지휘하고 있었다.

어느 날 문득 내가 없으면 아무것도 하지 않는 아이를 보며 무언가 단단히 잘못되어가고 있다고 생각했다. 그날로 아이에게 선언했다. 모든 것을 스스로 하라고. 편안한 생활을 영위하던 아이에게 얼마나 청천벽력 같은 말이었을까? 이미 동생은 스스로 먹는 밥을 이제서야 형도 스스로 먹고, 동생은 스스로 입는 옷을 이제 형도 스스로 입고, 쓰고 보니 정말 웃긴 상황이다.

처음에는 학교 숙제도 해가지 않았다. 선생님께 엄마가 안 해줘서 못 해왔다고 했으니, 선생님도 화가 났다. 대학을 갓 졸업한 선생님이었는데 지금도 고맙게 생각한다. 선생님께 혼도 나고 벌도 섰다고 했다. 커다란 눈에서 눈물이 뚝뚝 흘러내렸다. 내 마음도 아팠지만 어쩌겠냐 내가 잘못 키웠는데.

원래 느릿느릿하던 아이여서인지 한 달 넘게 선생님께 혼이 났다. 그러더니 어느 날부터 스스로 하기 시작했다. 학교에서 돌아오자마자 숙제도 하고 엄마의 진두지휘 없이 공부도 했다. 그래도 시간이 남는지 학교 도서관에서 책을 빌려오기 시작하더니 자기 학년에서 책을 가장 많이 읽은 학생이 되었다. 그것도 스스로… 내가 사랑이라는 이름으로 아이에게 무슨 짓을 해왔던 것인지 무한 반성을 했다. 아이에게 스스로 생각하고 스스로 행동할 자립의 기회를 빼앗고 있던 것이다.

과도한 부모의 관심과 사랑도 문제지만, 잘못된 관심과 사랑도 아이를 시들게 한다. 지금은 성인이 된 한 아이가 있다. 당시 고1이던 은호는 1학기 중간고사가 끝나고 친구 따라온 아이였다. 은호는 다음 시험에서 전교 1등을 했다. 다른 아이들은 부러워했지만, 은호는 전혀 기뻐하지 않았다.

아이가 백 점을 받고 반에서도 아니고 무려 전교에서 1등을 했는데 은호의 엄마는 전혀 기뻐하지 않았다. 엄마에게서 칭찬은커녕 오히려 힐책을 받았다. 아니 왜?

은호의 사촌들은 다 특목고에 다녔다. 은호의 엄마에게는 일반고에 다니는 아들이 전교 1등을 하더라도 부끄러웠다. 친척들이 은호의 집에 방문하면 은호는 방에서 나오지 못했다. 엄마가 부끄럽다며 방에서 나오지 말라고 한 것이다.

내가 해줄 수 있는 게 아무것도 없었다. 은호의 엄마는 자신은 은호를 너무 아끼며 사랑하고 있다고 나에게 선을 그어버렸다. 은호는 학원 수업이 끝나도 집에 가질 않았다. 당시 수업 시간 제한이 없던 시절이라 밤 12시가 넘어서까지 자습실을 지켰다. 고등학교 3년을 그렇게 우울하게 보내던 은호는 서울 소재 학교에 합격했다. 은호의 엄마는 은호를 자랑스러워했지만, 이미 마음을 다쳐 마음의 문을 닫아버린 은호는 반항심으로 대학에 가지 않겠다고 했다. 몇 날 며칠을 설득해 겨우 대학에 보냈다. 그 후로도 오랫동안 은호는 엄마를 찾지 않았다.

아이에게 관심을 가지고 사랑하는데 은호의 엄마는 왜 그런 방법을 택했을까? 고등학교 간판이 내 아이보다 더 소중하단 말인가? 엄마에게 행여나 예쁨을 받을 수 있을까 하고 은호가 얼마나 독하게 공부했는지 생각하면 지금도 마음이 아프다. 잘했다는 말 한마디 듣고 싶고 기뻐하는 엄마 모습을 보고 싶었을 아이.

오늘도 사랑과 관심이라는 이름으로 아이의 성장을 막고 있지는 않은지 생각해 보자. 무한한 사랑과 관심을 가지고 등대맘이 되어 보자. 어떤 풍랑을 만나더라도 안전하게 모항으로 돌아와 쉴 수 있도록 하는 등대와 같은 부모, 묵묵히 길잡이가 되어주는 부모. 참 쉽고도 어렵지만 우리 아이들을 위한다면 시도해 볼 가치는 충분하다.

미래의 리더로서
내 아이 바라보기

인생 2회 차? 담대한 아이는 어떻게 길러지는가

가끔 눈에 띄게 또래보다 성숙하고 책임감 있는 아이들이 있다. 이제 중학생이 된 지우가 그렇다. 지우는 5학년 때부터 친구들 사이에서 요즘 말로 '인생 2회 차'라고 불렸다. 우리끼리 통하는 말로, 애어른이다. 왠만한 일에서는 아주 쿨하다. 산전수전을 다 겪고 나서야 할 법한 말도 자주 했다.

부모와 다투고 온 친구에게, "엄마도 오죽하면 그러시겠냐?"
숙제하기 싫어 죽겠다는 친구에게, "그냥 해. 생각하지 말고. 할 일은 그냥 하는 거야."

친구랑 다투어서 힘들다는 친구에게 "뭐든 다 이유가 있어. 잘 해결될 거야."

나도 두 아이를 키우고 있는 엄마라, 아니 엄밀히 말하자면 7살 첫째 아이를 키우던 초보 엄마라, 호기심이 생겼다. 내 아이도 저렇게 자랐으면 하는 마음이 들었다. '원래 타고난 기질일까? 가정의 분위기는 어떨까?' 처음에는 아이를 불러 캐물었다. 휴대폰은 언제부터 사용했는지. 평소 엄마와 사이는 어떤지. 어떠한 거센 소나기도 피해 갈 것 같은 이 아이의 담대함의 비법이 도대체 무엇인지 궁금했다.

목마른 자가 우물을 판다 하지 않는가. 비법을 전수받기 위해 지우 어머니께 상담 전화를 드렸다. 상담을 드리는 전화가 아닌, 상담을 받는 전화를. 기나긴 통화 끝에 드디어 비법을 알게 되었다. 특별한 것이 아니어서 허무하기도 했고, 그래서 더 반갑기도 했다. 나도 할 수 있을 거 같았다.

지우의 담대함의 비법은 바로 '대화'였다. 그 대화가 어떤 대화인지가 궁금했다. 대화를 안 하는 가정은 없다. 그저 많이 한다고 될 것 같지도 않았다. 내가 발견한 지우네의 대화의 비법은 바로, 아이와 어른의 대화를 나누는 것이었다.

흔히 부모와 아이가 나누는 대화는 이러하다.

"오늘 누구랑 놀았어? 수업은 잘 들었어? 오늘 해야 할 일은 다했니? 왜 숙제는 덜 한 거야?"

일방적인 정보 캐내기식 대화이다. 아이가 초2 때까지는 곧이곧대로 잘 대답한다. 하지만 아이가 좀 크면 혼이 날까 봐 얼버무린다. 또 더 크면 입을 닫고 방문도 닫아버리는 경우가 많아진다.

아이들이 부모에게 바라는 것은 무엇일까? 한번은 아이들에게 물어본 적이 있다. 저마다 다양한 답들을 주었지만, 나의 결론은 '존중'이었다. 지우네의 대화에는 존중이 있었다.

내 아이를 '미래를 이끌어 갈 리더'로 대해 보기로 했다. 아직 자그마한 7살이지만, 멋진 어른으로 대해 보기로 했다. 벗에게 내 속마음을 털어놓듯, 내 이야기를 먼저 시작했다. 나의 고민을 먼저 솔직히 털어놓고, 미래의 리더에게 조언을 구하고 상의도 해보았다.

예시 1

"오늘 회사에서 이런 일이 있었는데 힘들었어. 어떻게 해결하면 좋을까?"

아이와 대화 후에 ⇨ "넌 오늘 힘든 일 없었어?"

예시 2

"설거짓거리가 산더미인데, 해야 하는 건 알겠는데, 아유 왜 이렇게 하기가 싫을까. 엄마가 너무 게으른 건가?"

아이와 대화 후에 ⇨ "너도 숙제가 산더미일 텐데, 엄마랑 같은 마음이겠다. 고생이 많네. 너는 하기 싫을 때 어떻게 해?"

엄마의 고민을 듣고, 제법 의견도 내어본다. 큰아이는 엄마로부터 존중받고 인정받는다고 느낀다. 자신의 문제를 객관적으로 바라보고 어찌 해결할지 고민도 해본다. 참 자연스럽다.

내 아이를 진짜 미래 리더로 만드는 단 하나의 질문

이상적인 부모의 역할을 요구하는 조언들은 많다. "자녀를 존중해 주세요. 공감해 주세요." 이러한 말은 막연해서 실천으로 옮기기가 힘들다. 존중은 어찌하는 것이며, 공감은 어디까지 해야 하는지 그저 어렵기만 하다. 어디서 대사까지 받아와도 내 아이는 늘 모범답안을 써먹을 수도 없게 비켜 간다.

여기 가장 쉬운 답이 있다. 내 자녀를 바라보는 시선을 한번 바꾸어 보자.

내 아이는 나와 이 시대를 같이 살아갈 동반자이다. 미래를 이끌어갈 멋진 리더이다. 아이에게 나의 고민을 담백하게 나누고 생각을 나누어 보자. 부모의 이 겸손함으로 아이에 대한 존중과 공감은 자연스레 따라올 것이다.

잠자리 독서가 중요하다고들 한다. 나는 아이가 7살 때부터 잠자리 대화를 나누어 왔다. 밥상머리 대화가 교육에 얼마나 중요한지 알지만, 늘 퇴근이 늦어 저녁을 같이 먹기도 힘들다. 평일에 놀이터에서 함께 놀아주는 것은 꿈도 못 꾼다. 함께 할 시간은 이토록 적었지만, 잠이 들기 전 30분은 꼭 아이와 어른의 대화를 나누었다. 아이의 생각이 깊어지고 담대해지는 것이 느껴졌다. 누구보다 엄마를 이해하고, 자신을 잘 들여다보는 아이로 자라고 있다.

우리는 모두 초보 엄마, 초보 아빠이다. 둘째, 셋째가 있지 않는 한, 모든 첫 아이의 부모는 초보이고 서투르다. 그래서 우리도 부모로서 실수하고 잘못하기도 한다.

아이를 미래의 리더로 바라보는 부모는 이 상황을 어떻게 대처할까? 자신의 잘못에 대해 콕 집어 이야기하고 담담한 사과도 건네 보자. 왜, 어른끼리는 당연하지 않은가? 보통은 상대가 아이라면 본인이 어른이라는 자존심에 대강 넘어가기 일쑤이다.

부모의 이런 솔직함과 겸손함을 멋지게 바라보며 자란 아이들은 분명 우리가 그토록 바라는 미래의 멋진 리더로 자랄 것이다.

부모와 자녀의
올바른 소통 방법

닫힌 문, 닫힌 마음을 여는 소통의 열쇠

"똑똑!"
"승원아, 문 좀 열어줄래?"
"왜?"
"글쎄, 문 좀 열어봐!"
"아니야."

때로는 운이 좋으면 문을 열어주기도 하지만, 대부분은 돌아서야
한다. 문을 열지 않는 아이가 야속하기도 하고, 문 앞에서 돌아서는
내 모습이 왠지 처량해 보이기도 한다. "문밖에서는 조폭, 들어가면

수도승"이라는 농담처럼 사춘기 아이들과의 소통은 종종 어려움을 동반한다. 요즘은 이런 현상이 더욱 빨라진 듯하다.

아이 셋이 서로 북적이며 아웅다웅 지내는 가정을 꿈꿨지만, 현실은 각자 방으로 흩어져 스마트폰과 함께 시간을 보내는 아이들, 그리고 적막한 거실에 나와 남편만 남아있다.

스마트폰과 인터넷의 발달로 가족 간 소통은 점차 줄어들고 있다. 식탁에 앉아도 각자의 스마트폰 화면에 몰두하는 아이들. "오늘 학교에서 어땠어?"라는 질문에 아이는 "응, 괜찮았어."라는 짧은 대답만 남긴 채 다시 화면으로 눈을 돌린다. 대화는 거기서 멈춰버리고, 식탁 위엔 무거운 침묵만 남는다.

한 번은 저녁에 아이가 방에서 나오지 않아 문을 두드렸던 적이 있다. "뭐 하고 있어?"라고 물으니, 문 너머로 들려온 대답은 "게임 중이야, 이따 얘기해."라는 말뿐이었다. 하지만 '이따'는 오지 않았다. 방에서 나와 식탁에 앉을 때쯤엔 이미 대화할 타이밍을 놓쳐버린 뒤였다. 아이가 선택한 것은 부모와의 대화가 아니라 스마트폰 속 세상이었다.

이런 현실 속에서 나는 점점 더 뚜렷이 느끼게 되었다. 스마트폰은 정보와 재미를 제공하지만, 동시에 우리에게 소중한 대화를 빼앗아 가고 있었다. 아이들과의 소통을 되찾기 위해선 그들의 관심사와 우리가 속한 디지털 환경을 이해하는 것이 첫걸음임을 깨닫게 되었다.

《내면소통》의 저자 김주환 교수가 말한 "옳음보다는 친절함"이라는 조언이 크게 와닿았다. 그는 옳음을 강조하는 대화는 상대에게 방어적인 태도를 불러일으키지만, 친절함은 상대의 감정을 이해하고 존중하는 태도로 마음의 문을 열게 한다고 설명한다. 아이들과의 대화에서 특히 이 원칙은 더 중요하게 느껴졌다.

우리는 흔히 "아이에게 옳은 것을 알려줘야 한다"는 강박에 사로잡혀 있다. 그러나 옳음만을 앞세우다 보면, 아이는 자신이 비난받고 있다고 느끼며 마음을 닫아버릴 수 있다. 반면 친절함은 "너의 생각과 감정을 내가 이해하고 있다"는 메시지를 전달하며, 아이가 스스로 자신의 잘못이나 대안을 깨닫게 만드는 힘을 가진다.

이 조언을 떠올리며 나는 대화의 태도를 바꿔보기로 했다. 옳음을 증명하려 하기보다는 친절함으로 아이의 말을 경청하고, 그들의 감정을 먼저 인정하는 데 초점을 맞추기 시작했다. 이를 통해 아이들이 조금씩 마음의 문을 열고, 나와 더 깊은 대화를 나누는 변화를 느낄 수 있었다.

과거의 나를 돌아보면, 대화에서 나의 의도와 논리를 앞세우는 일이 많았다. 아이들에게 책 읽기를 강요하거나, 나의 가치관을 주입하려는 태도가 숨겨져 있었다. 이러한 소통 방식은 아이들에게 잔소리로 느껴졌고, 결국 마음의 문을 닫게 했다.

그러던 중, 나의 경험을 떠올리게 하는 사례를 본 적이 있다. 한 프로그램에서 한 아버지가 아이에게 말했다. "넌 왜 이렇게 책을 안 읽니? 책을 읽어야 똑똑해질 수 있거든." 아이는 답했다. "아빠, 내가 책 읽는 게 재미없다고 했잖아. 꼭 책을 읽어야만 똑똑해지는 건 아니잖아?" 아버지는 이 말을 듣고도 설득하려는 태도를 바꾸지 않았다. 결국 아이는 말없이 고개를 돌리고 방으로 들어가 버렸다.

강요 또는 잔소리보다 더 효과적인 소통법

이러한 장면들은 나에게 거울 역할을 해주며 내가 비슷한 실수를 했다는 것을 깨닫게 했다. 누군가를 변화시키려는 강요는 오히려 상대방을 숨 막히게 한다는 것을 알게 되었고, 이러한 깨달음을 바탕으로 소통 방식을 바꿔 나가기로 결심했다.

아이들과의 대화에서 가장 중요한 것은 '가르치겠다'라는 의도를 내려놓는 것이다. 아이의 생각을 존중하는 것은 마음을 여는 열쇠다. 예를 들어, 아이가 "엄마, 나는 초콜릿이 좋아서 하루 종일 먹고 싶어!"라고 말하면, "그래? 초콜릿을 온종일 먹고 싶구나."라고 그대로 따라 주는 방식을 시도했다. 물론 속으로는 "이게 가능할까?" 같은 생각이 들 수도 있다.

하지만 이를 잘 넘기면 아이에게 두 가지를 선물한다. 하나는 나의 욕구가 존중받았다는 생각, 그리고 다른 하나는 내 생각도 괜찮다는 자신감이다. 이런 태도는 마음을 여는 데 큰 도움을 준다.

말수가 적고 속마음을 잘 드러내지 않는 아이에게는 그 아이가 좋아하는 관심사를 통해 접근했다. "넌 어떤 캐릭터를 좋아해?"처럼 가벼운 질문으로 시작하며, 대화를 주도하려 하기보다 아이의 이야기를 경청하고 존중하는 태도를 보였다. 이러한 태도는 아이들이 '내 생각을 알고 싶어 하는구나.'라고 느끼게 하며 마음의 문을 여는 데 효과적이었다.

사춘기 아이들은 진지한 분위기를 부담스러워할 때가 많다. 그래서 나는 대화에서 가벼운 유머를 활용했다. 예를 들어, "아침에 일어나는 게 너무 힘들어."라고 하면, "혹시 네 침대에 마법이라도 걸렸나? 널 끌어당기기 때문에 못 일어나는 거 아닐까?"처럼 유쾌한 반응을 보였다. 유머는 대화를 경직되지 않게 하며, 소통을 즐겁게 만드는 중요한 도구가 되었다.

아이들과의 소통이 어려울 때, 먼저 나 자신과의 소통이 이루어져야 한다. 부모의 내면에 쌓인 감정과 생각을 정리하지 않으면, 아이들과의 대화도 부담스러울 수밖에 없다. 하루아침에 마음을 내려놓기는 어렵지만, 자주 자신의 마음을 들여다보고 스스로에게 "이럴 때는 어떻게 해주면 좋을까?"라고 질문해 보자. 이러한 과정은 나자신을 이해하고 돌보는 데 도움을 주며, 결국 아이들과의 대화에도 긍정적인 영향을 미친다.

긍정적인 소통은 아이들의 정서적 발달에 큰 영향을 끼친다. 부모와의 대화를 통해 아이들은 자신의 감정을 안전하게 표현하고, 존중받는 경험을 하게 된다. 이는 정서적 회복탄력성을 길러주어 아이들이 어려움에 부딪혔을 때 스스로 다시 일어설 힘을 제공한다. 부모와의 긍정적인 소통 경험은 아이들에게 자신감을 심어 주고, 사회적 관계에서도 소통 능력을 키우는 밑거름이 된다.

닫힌 문처럼 닫혀버린 아이들의 마음을 여는 것은 하루아침에 이루어지지 않는다. 아이들과의 소통은 오늘부터 시작할 수 있는 작은 행동에서 비롯된다. 먼저, 아이의 말을 따라 해보는 간단한 실천을 시작해 보자. 그것이 닫힌 마음의 문을 여는 첫걸음이 될 것이다. 아이의 말을 따라 해주는 작은 실천, 관심사에 대한 존중, 유머를 통한 소통이 쌓이면, 조금씩 그 문이 열리기 시작한다. 소통은 단순히 대화하는 것을 넘어, 아이들과 부모 모두가 함께 성장할 수 있는 가장 중요한 도구임을 잊지 말자.

2부

공부 잘하는 아이,
이렇게 공부합니다

4장.

국영수
정복법

: 과목별 맞춤 전략

국어 마스터 플랜 1
: 엄마표 독서의 시작이 국어 실력의 첫 단추다

읽기 독립이라는 착각

부모라면 태교 동화를 한 번쯤은 읽어준 경험이 있을 것이다. 그러나 아이들이 성장하면서 아이도 부모도 책을 멀리하게 된다. 바빠서 책 읽을 시간이 없다는 어른들. 국어, 영어, 수학 공부할 시간도 부족해서 독서할 시간이 없다는 요즘 아이들…. 그러나 우리는 어렴풋이 알고 있다. 결국 국어, 영어, 수학 공부도 읽기가 되어야 한다는 것을.

읽기 독립이 되는 어느 시점부터는 아이에게 부모의 목소리로 책을 읽어주는 경험이 줄고 있는 건 사실이다. 그런데 아이들의 읽기 독립을 우리는 너무 쉽게 생각하는 건 아닐까?

어느 날 큰 아이가 물었다.

"엄마 왜 책 안 읽어줘? 어릴 때 사진 속에는 엄마, 아빠가 책 많이 읽어주던데…."

가정의 형태가 다양해진 요즘, 꼭 엄마가 아니더라고 엄마의 역할을 하는 누군가라면 모두 우리 아이들에게 양질의 독서 환경을 제공해 줄 수 있다. 사실 부모라면 내 아이가 책을 좋아하는 아이로 성장하길 바란다.

나 또한 우리 아이들이 책을 좋아하는 아이로 성장하기를 바랐다. 그래서 거실과 아이들 방을 서재화했다. 놀이방에도 책장을 두고 아이들이 지나다니는 곳에는 어디서나 책과 함께할 수 있도록 다양한 책들로 책장을 채웠다. 요즘 미니멀라이프라며 책을 소장하지 않는 집도 있다지만, 그래도 40~50대 엄마들이라면 적어도 책장 몇 개는 가지고 있지 않을까?

내 아이에게 책이라는 추억을 만들어주자

한창 엄마표 독서교육에 심취해 있을 때 읽었던 책의 한 구절이 있다. 『유럽의 아날로그 책공간』이라는 책이었는데, 다음과 같은 내용이었다.

"어린 시절에 읽었던 책들은 우리를 과거로 인도한다. 그것은 꼭 책에 나오는 이야기들 때문만은 아니다. 그 책을 읽었을 때 우리가 어디에 있었고 우리는 누구였는가를 둘러싼 기억들 때문이다. 책 한 권을 기억한다는 것은 곧 그 책을 읽은 어린이가 기억하는 것이다."

어른인 우리들도 모든 세상 이야기를 다 알고 경험할 수 없다. 때문에 책을 통한 간접 경험의 중요성과 이를 통해 독자로서 우리가 얻을 수 있는 유용성은 모두가 공감한다.

"아이에게 책을 읽으라고 강요하지 말고 책에 관한 아름다운 추억을 만들어주세요."

이 구절을 읽고 '나는 우리 아이에게 책에 관한 아름다운 추억을 만들어주고 있는가' 다시 한번 생각해 보게 되었다. 엄마표 독서로 아이에게 책에 대한 아름다운 추억을 만들어주자는 뻔한 이야기. 하지만 쉽지 않은 이야기다. 엄마가 아이와 직접 책을 읽고 대화하면서 아이의 이해력과 표현력을 자연스럽게 키워줄 수 있다. 그러나 이 역시 쉽지 않은 이야기다.

사실은 엄마표 독서를 실생활에서 적용하며, 우리 집만의 방법을 지금도 찾아가고 있다. 다만, 우리 집의 환경과 우리 아이에게 맞는 방법을 찾는 것이다. 내가 찾은 방법은 책을 읽을 수 있는 시간, 환경, 체력 등 물리적으로 할 수 있는 것들을 부모로서 만들어 가는 것이다.

독서의 시작은 '목표를 작게 설정하기'부터 시작이다. 하루에 한 페이지라도 꾸준히 읽는 것이 중요하다. 책을 읽을 시간이 없다는 큰아이에게는 엄마가 독서 챌린지를 하면서 인상 깊은 한 페이지를 메신저로 보내준다. 시간과 환경에 제약을 받지 않고 한 페이지 한 페이지가 쌓이니 한 권을 다시 읽고 싶어지는 어느덧 중3이 된 아이의 소중한 시간을 보장한다. 아이가 읽고 싶어 하는 책을 서로서로 한 장씩 읽어준다. 분명 그 시간 안에서 우리들의 퍼즐을 하나씩 맞춰가고 있음을 확신한다.

엄마표 독서로 다 맞춘 퍼즐을 보여주는 게 아니라 퍼즐 하나씩을 맞추는 과정을 통해 아이의 기초 국어 실력을 더욱 탄탄하게 다질 수 있다. 또한 독서는 상상력과 사고력, 공감력을 키워준다. 인공지능 시대를 살아가는 우리에게 필요한 질문하는 힘을 키워주고 인간만이 할 수 있는 휴머니즘을 키워준다.

태교 때부터 영유아 시기까지 엄마표 독서에 투자한 시간이 100이라면 초등 시기에는 50, 중고등 시기에는 10으로 점점 줄고 있다. 그렇지만, 우리 아이들은 끊임없이 매일 읽고 있다. 교과서를 읽고, 인터넷 기사를 읽고, 서로 간의 대화를 읽고 있다.

국어 실력의 첫 단추는 독서이자 읽기이다

독서할 시간은 없지만 국어는 잘하고 싶어 하는 중고등학생들이 많다. 더 알고 싶은 내용은 영상을 찾아보는 요즘 아이들이지만 분명 아이들도 독서의 중요성을 너무나 잘 알고 있다.

2018년 서울신문 기사를 보았다. 지금부터 50년 후 자녀의 장기적인 행복과 성공에 영향을 끼치는 것은 학교 성적이나, 지능 지수, 부모의 경제적 지위가 아닌 '독서력과 작문 능력이 우수한 고등학생이 50년 뒤 높은 소득을 유지한다'고 한다. 우리 아이의 장기적 행복과 성공을 위해서 엄마표 독서로 독서력을 키워주어야 한다.

독서에도 레벨이 있다. 많은 독서학원에서는 도서 레벨로 아이들이 읽어야 하는 책을 선정하곤 한다. 어휘, 사실, 추론, 비판 등으로 독서 이해도를 평가하여 레벨 코스에 따라 아이들이 성장하며 책을 읽는다. 제대로 읽기를 가르치는 학원들도 참 많다. 전문가 집단에서 만들어 낸 커리큘럼 안에서 성장하는 아이도 많다. 그러나 우리 아이의 읽기 능력을 학원에만 의존하지 말길 바란다. 이에 대한 대안은 엄마표 독서다.

엄마표 독서는 우리 아이에게 맞춤이 되어야 한다. '엄마 경력 17년'인 나도 그림책을 읽고 동화책을 읽을 수 있다. 틀에 짜여진 독서가 아닌 우리 아이가 선택한 책을 읽고, 대화하며 엄마표 독서로 스스로 독자가 될 수 있는 길은 엄마가 함께할 수 있다. 엄마표 독서, 주춤했다면 지금이 시작할 때이다.

국어 마스터 플랜 2: 국어 심화 학습의 세 가지 축

국어는 그저 모국어일 뿐이다?

국어는 단순한 모국어가 아니다. 국어는 단순히 시험을 위한 과목이 아니다. 국어 능력은 아이의 사고력, 표현력, 그리고 문제 해결 능력을 기르는 데 핵심적인 역할을 한다. 특히, 학년이 올라갈수록 국어에서 요구하는 수준은 단순한 문해력을 넘어, 텍스트의 의미를 깊이 이해하고 이를 비판적으로 분석하는 능력으로 확장된다.

그래서 국어 심화 학습은 아이들이 단순히 문제를 푸는 데 그치지 않고, 사고의 폭을 넓히며 창의적이고 독립적인 사고를 할 수 있는 능력을 키워주어야 한다.

그렇다면 국어의 심화 학습은 어떻게 접근해야 할까? 이번 글에

66

서는 국어 심화 학습의 방향성과 구체적인 전략을 제안하고자 한다.

1. 비판적 읽기

국어 심화 학습의 첫 번째 단계는 비판적 읽기다. 이는 단순히 글을 읽는 것을 넘어, 글의 의도와 맥락을 분석하며 저자의 관점을 파악하는 능력을 말한다. 비판적 읽기는 아이들이 세상을 바라보는 시각을 넓히고, 텍스트를 통해 숨겨진 메시지를 발견할 수 있도록 돕는다.

예를 들어, 신문 기사나 칼럼과 같은 비문학 텍스트를 통해 정보의 신뢰성을 평가하거나, 상반된 견해를 비교하며 논리적 사고를 훈련할 수 있다. 한 사건을 다룬 두 개의 기사를 비교 분석하며 저자의 관점이 어떻게 달라지는지 파악하게 하는 방식은 비판적 사고력을 키우는 데 효과적이다.

비판적 읽기의 핵심은 끊임없이 질문을 던지는 것이다. "왜 저자는 이런 주장을 했을까?", "이 글이 제시하는 근거는 얼마나 설득력이 있을까?", "글에 나타난 편향성은 무엇일까?"와 같은 질문을 통해 아이들은 텍스트에 숨은 의도와 가치 판단을 이해하게 된다. 이러한 훈련은 다른 과목, 특히 사회나 과학에서 자료를 분석하고 결론을 도출하는 데 도움을 준다.

2. 심화 독서법

심화 독서법은 다양한 장르와 난이도의 책을 읽고 깊이 있는 분석과 토론을 통해 사고의 폭을 넓히는 것을 목표로 한다. 고전 문학, 현대소설, 철학적 에세이, 역사적 기록 등 폭넓은 독서를 통해 아이들은 다양한 시각과 사고방식을 배운다. 이러한 독서는 아이들이 다양한 사회적, 역사적 맥락을 이해하는 데 도움을 준다.

심화 독서는 단순히 줄거리를 이해하는 데 그치지 않는다. 책을 읽고 난 후 "이 이야기가 전달하려는 핵심 메시지는 무엇인가?", "주인공의 선택이 오늘날 우리 사회에 주는 교훈은 무엇인가?", "작가가 특정한 서술 방식을 선택한 이유는 무엇인가?"와 같은 질문을 던지며 토론을 진행할 수 있다. 이러한 과정은 아이들에게 텍스트를 다각도로 바라보는 눈을 키워준다.

또한, 심화 독서를 통해 아이들은 비판적 읽기와 창의적 쓰기와도 연결된다. 예를 들어, 고전 문학을 읽고 이를 현대적 시각에서 재해석하거나, 읽은 책을 바탕으로 새로운 이야기를 창작해 보는 활동은 사고력을 자극하는 훌륭한 방법이다.

3. 창의적 쓰기

국어 심화 학습의 마지막 축은 창의적 쓰기다. 쓰기는 단순히 아이의 언어 표현력을 기르는 것을 넘어, 자신의 생각을 논리적으로 정리하고 이를 효과적으로 전달하는 능력을 키운다. 또한, 창의적 쓰기는 아이들이 자신만의 독창적인 관점을 개발하고 표현할 수 있는 기회를 제공한다.

창의적 쓰기는 기존의 글을 재구성하거나 새로운 시각으로 접근하는 활동을 포함할 수 있다. 예를 들어, 동화의 결말을 바꾸거나, 한 사건을 주인공이 아닌 다른 인물의 관점에서 재구성해 보는 활동은 아이들의 사고력을 자극한다. 또한, 일상의 경험을 글로 옮기는 과정은 아이들이 스스로 생각을 명확히 표현할 수 있도록 돕는다. 아이들이 "내가 느낀 감정을 글로 쓰는 과정에서 무엇을 배울 수 있을까?"라는 질문을 던지게 하는 것은 창의적 쓰기를 효과적으로 활용하는 방법이다.

더 깊은 국어 학습을 위한 환경 조성

위와 같은 국어 심화 학습은 아이들이 "왜?"라는 질문을 끊임없이 던질 수 있는 환경에서 더욱 효과적으로 이루어진다. 부모와 교사는 아이들의 질문을 존중하며, 대화를 통해 사고를 확장시켜야 한다. 아이가 던진 질문에 단순히 답을 주는 것이 아니라, 함께 고민하며 더 나은 답을 찾는 과정이 중요하다.

그리고 아이의 일상과 연결될 때 더욱 의미가 있다. 박물관 방문 후 느낀 점을 글로 작성하거나, 가족 여행 중 경험한 일을 에세이로 정리하는 활동은 아이가 글쓰기를 단순한 학습 활동이 아닌 삶의 일부로 느끼게 한다. 또한, 아이가 관심 있는 주제를 글의 주제로 삼아 자신만의 시각을 표현하도록 유도할 수도 있다.

국어 심화 학습은 단순히 시험 점수를 높이는 것을 넘어, 아이의 사고력과 표현력을 키우는 데 핵심적인 역할을 한다. 비판적 읽기, 심화 독서, 창의적 쓰기를 통해 아이들은 자신감 있게 자신의 의견을 표현하고, 다양한 시각에서 문제를 바라보는 능력을 갖출 수 있다. 이 과정은 단기적 학습에 그치지 않고, 아이가 성인이 되어도 활용할 수 있는 평생의 능력으로 이어진다. 부모와 교사들은 국어 심화 학습의 중요성을 이해하고, 이를 지속적으로 지원할 수 있는 환경을 만들어주어야 한다.

국어는 단순한 교과목이 아니라, 아이의 전인적 성장을 돕는 도구임을 잊지 말아야 한다. 국어 심화 학습을 통해 아이들은 스스로의 가치를 실현하고 사회에 긍정적인 영향을 미치는 성숙한 인격체로 성장할 것이다.

영어 성공 비법 1
: 유아기 영어에서 놓치면 안 되는 것

영어, 도대체 언제부터 노출해야 할까?

유치부 영어에 대한 관심이 날로 뜨겁다. 두 가지 이유인 것 같다. 첫째는 영어를 잘하고 싶은 부모들이 적어도 자녀만큼은 자신들처럼 되게 하고 싶지 않다는 욕구이다. 둘째는 유학파 부모들이 그들의 경험처럼 영어 환경을 자녀에게 제공하고자 하는 필요이다. 이 흐름이 최근 국제학교에 대한 높은 선호도로 이어지고 있다.

그렇다면 영어는 언제부터 아이들에게 노출해야 할까? 뇌 발달 연구 분야 전문가인 카톨릭대 김영훈 교수는 "영어 노출은 3세부터 시작해야 한다"고 말한다. 역으로 생각한다면 3세까지는 모국어에 집중해야 한다는 말이다. 그저 아이를 잘 먹이고 잘 재우고, 동요를 많이 불러주고, 책을 읽어주고, 잘 놀아주어야 한다. 한마디로 식사, 수면, 놀이 이 세 가지 기본적인 일들에 집중하면 좋겠다. 장난감으로 놀면서 대화하고, 자연을 보면서 대화하고, 다양한 체험을 하며 아이 눈을 맞추고 대화하라.

이렇게 할 때, 3세 아이는 최대 900개 이상의 단어를 사용할 수 있다. 더욱이 4~5개 단어를 문법에 맞게 조합하여 의사표현을 할 수 있다. 이제 모국어의 체계가 잡힌 것이다. 이 모국어의 체계가 영어를 시작할 수 있는 주춧돌이다. 간혹 5개월부터 영어를 들려주기 시작했다는 부모가 있는데, 뇌 발달 전문가의 의견을 꼭 참고하기 바란다.

3세까지 모국어에 집중했다면, 영어 영상을 통해 '소리 노출'을 매일 1시간 이상 시작해 보자. 언어발달에 가장 중요한 것은 얼마나 많은 말을 듣는가이다. 누구나 듣는 것에서부터 언어 발달이 시작되고, 이후에 말하기 시작한다. '슈퍼 심플 송Super Simple Song'이나 '코코멜론Cocomelon' '마더 구스 클럽Mother Goose Club' 등으로 시작하는 것이 좋겠다. 기본 단어와 표현들을 익혔다면 '페파 피그Peppa pig', '마이 리틀 포니My Little Pony' 등을 통해 일상에서 자주 쓰이는 구어체 문장을 배우는 것이 순서이다. (예로 들었지만, 좋은 교육 미디어가 너무나도 많다.)

미디어 노출이 걱정이라면 시작과 끝 시간을 정하도록 한다. 예를 들어 '7시'보다 '저녁 먹고 상을 치운 후' 등으로 정하면 좋다. 또 아이가 더 보고 싶다고 떼를 쓸 때는 아이의 마음을 읽어주는 것이 먼저다. 이후 그 마음을 공감해주되 약속된 시청 시간을 꼭 지키도록 습관을 들인다.

또한 매일 매일 영어 그림책을 읽어주기를 권한다. 몇 권이라고 묻는다면 처음에는 최소 5권 이상이라고 말하고 싶다. 5권이 힘들다면 같은 책을 5번 읽어주는 것도 5권을 읽는 효과가 있다. 이후 그림책뿐만 아니라 글밥이 있는 책을 엄마나 아빠가 읽어주기를 권한다. 특히 아빠가 책을 읽어주는 아이들은 이야기의 이해력과 책에 대한 지식, 언어적 능력 모두 뛰어나다. 그뿐만 아니라 아빠의 목소리와 상호작용이 자녀에게 사회적 발달을 촉진시키는데 도움을 준다. 아빠가 책을 읽어줄 때, 자녀는 등장인물의 관계나 갈등을 더 잘 이해하고 그로부터 사회적 규범이나 감정 표현 방법을 배울 수 있다. 더 나아가 타인의 입장을 이해하는 기술을 개발하는데 훨씬 용이하다. 같은 책이라도 여러 사람이 다양하게 읽어준다면 아이의 상상력과 어휘력이 얼마나 배가 되겠는가.

영어, 노출보다 훨씬 중요한 것

귀와 입이 발달한 친구들이 문자를 낯설어하는 경우가 꽤 많다. 사실 파닉스의 기본을 끝내는 데 아주 오래 걸리는 아이들이 많다. 이때 한글도 어렵게 뗀다. 이르면 4세에 시작했던 한글 학습이 7세가 되어서도 진행형인 경우가 많다. 그 이유는 우리의 뇌에 있다. 전문가들은 뇌와 관련된 언어 영역들을 설명할 때 브로카, 베르니케 등과 같이 어려운 용어를 사용한다. 많이 들어봤던 전두엽, 측두엽이 언급되고, 운동성 실어증, 감각적 실어증 등이 나열된다. 그러나 뇌 어디에도 읽기를 담당하는 부분은 있다고 말하지 않는다.

그렇다. 인간이 듣고 말한다는 것은 본능적으로 타고난 능력이다. 그러나 읽는다는 것은 후천적 능력이다. 그것은 종이의 역사와 궤적을 함께 한다. 가만히 놔두면 저절로 글을 읽는 놀라운 아이들도 있지만 대부분의 문자에 약한 친구들은 일정량의 학습이 요구된다. 그렇다면 어떻게 문자를 배우는 게 좋을까? "낫 놓고 기역 자도 모른다"라는 옛말에서도 보여주듯이 시각 자료를 활용하기를 추천한다. 아이들은 'I'나 'J' 등을 구분하기 어려워하고 특히 소문자 'b'와 'd' 등은 혼란스러워 한다. 이럴 때는 사물을 적극 활용하라. 타이어는 알파벳 O, 산 모양 알파벳 M 등과 같이 사물과 문자를 연관시켜 자극을 주어야 한다. 온 가족이 사물과 문자를 결합해 보는 게임을 함께 해보는 것도 추천한다.

사실 인내가 필요하다. 학습 특히 언어 학습이란 계단식으로 발전되는 것이 아니다. 하루하루 한 달 한 달의 정성이 계단 오르기처럼 비례적으로 진보하지 않는다. 그것은 마치 큰 항아리에 물을 붓는 것과 같다. 한 바가지, 두 바가지, 열 바가지 쏟아붓지만, 간에 기별도 안 가듯 티가 안 난다. 그러나 어느 순간 확 넘칠 때 실력은 4계단, 6계단 수직으로 상승한다. 그리고 다시 물이 넘칠 때까지 항아리는 고요하지만, 곧 10계단 15계단 그렇게 우상향한다. 가장 중요한 것은 10분을 하더라도 꾸준함이다.

꼭 주의해야 할 점은 재미있어야 한다. 아이가 언어를 즐거워하는지, 무엇을 재미있어 하는지 관찰하라. 엄마표 영어, 그곳에 답이 있다.

영어 유치원에 대한 오해와 전실

1. 영유는 영어교재를 읽고 문제를 푼다?

맞다. 나도 이 부분은 동의한다. 언어는 뛰어놀면서 상황 속에서 습득되어야 한다고 믿는다. 그러나 많은 영유에서는 영어의 5대 영역별, 수준별 책들이 커리큘럼이란 이름으로 제공된다. 아이들은 이 책들로 공부한다. 이것이 전형적인 '학습식 영유'의 모습이다. 엉덩이 힘을 기른다고 5시간 내내 책상에 앉아서 공부하기도 한다. 최근에는 '놀이식 영유'라고 주장하지만, 이러한 교재를 그대로 사용하는 곳이 많아졌다. 그러나 학습식보다 교재 수가 줄고, 교실에 앉아 있는 시간이 줄어든 것뿐이다.

그러나 분명한 것은 이런 학습식 영유를 아주 즐겁게 다니면서 좋은 결과를 얻은 아이들도 적지 않다는 것이다. 사실 정답은 없다. 강요된 학습 환경에서 스트레스가 지속될 경우, 아이들은 학습을 거부하기도 한다. 그러나 '공부 총량의 법칙'이라는 말이 괜히 나온 것은 아닐 것이다.

나는 영유의 커리큘럼이라면 발달 중심, 활동 중심이 주를 이루면서 일부 학습 교재가 이를 보완하는 것이 이상적이라고 생각한다. 물론 5~7세 연령별 세부적인 비율은 다를 수 있다. 중요한 것은 아이들의 언어 학습뿐만 아니라 사회성, 정서적 발달, 창의성, 신체 발달 등 다양한 영역에서 '아이들의 균형 있는 성장'에 초점을 맞추어야 한다는 점이다.

2. 고학년이 되면 영유 출신이나 일유 출신이나 모두 동급 레벨이 된다?

이 말에는 사실 어폐가 있다. 왜냐하면 영유 1년 차, 2년 차, 3년 차에 따라 아이들이 보여주는 모습이 다르기 때문이다.

사실 학습식 3년 차일 경우 미국학교 3~4학년 정도 레벨의 학습을 습득한다. AR 3~4점대 독서가 가능한 레벨에서 졸업한다. (여기선 일단, 아이들의 스트레스와 영어 거부 등 부정적 측면은 고려하지 않겠다) 또 놀이식은 책상에 앉아 공부하는 시간이 상대적으로 학습식보다 짧기 때문에 미국학교 1학년 레벨에서 졸업하는 경우가 많다. 물론 아이들의 실력에 따라, 영어 선호도에 따라 다르다.

그럼에도 이런 말들이 자주 회자되는 것은 한마디로 '원서 독해력'보다 '스피킹'에 더 무게를 두기 때문이다. 유치원 시절 주 30시간을 원어민과 함께했다면, 초등 1학년부터는 대략 주 6~8시간을 원어민 교사와 함께 보내게 된다. 상대적으로 시간이 1/5 정도로 줄어 다른 통로가 있지 않는 한 영어 말하기 실력이 점점 더 줄기도 한다. 그러나 '원서'를 읽고 이해하는 독해 수준이 높아져 있다면 그 실력은 그대로 쭉 아름다운 우상향을 그리기 쉽다. 그 독해력이 말하기와 듣기, 글쓰기 실력이 기준점이다. 물론 렉사일(Lexile®) 등과 같은 공신력 있는 시험을 통해, 4대 능력이 골고루 발달되어 있지 않은 결과를 얻을 수도 있다. 그러나 독해력 수준이 높은 친구들은 다른 영역의 부족함을 간척지 매립하듯이 빠르게 채운다.

여기서 주의해야 할 것은 '원서 독해력'이란 시중의 독해 문제집을 수준별로 푸는 것을 의미하지 않는다. 적어도 영유 3년을 졸업하면 영어 소설 즉 적어도 AR 3대~4점대 챕터 북을 읽을 수 있어야 한다. 바로 영어 문장을 모국어처럼 이해하는 독해력을 키워주는 것, 이것이 영유 커리큘럼의 핵심이다.

3. 원어민이 들려주는 문장보다 영상에서 나오는 문장이 더 많다?

맞다. 영상에서 나오는 영어 문장이 더 많다. 여기서 학부모들이 영유를 보내는 이유를 짚어볼 필요가 있다. 물론 영어가 차지하는 퍼센트가 많겠지만 영어만을 위해 선택하지 않는다고 본다. 보편적으로 영유를 선택하는 두 가지 이유가 있다. 돌봄과 영어. 현재 일반유치원과 영어유치원의 한 반 인원만 비교해 보더라도 가늠할 수 있을 것이다.

사실 4~7세의 언어교육은 미디어만으로는 불완전하다. 2000년대 초반 언론에서 미래의 학교에서는 컴퓨터가 대세이므로 더 이상 교사가 필요 없는 직업이라고 예견된 적이 있다. 나는 동의하지 않았다. 교육이야말로 사람과 사람을 통해 이어지는 인격의 용광로라고 믿었다. 지금도 마찬가지다. 원어민 교사와 뒹굴면서 몸으로 언어를 배워야 한다.

원어민과 함께하는 영어 환경에서 1,000~1,200시간을 보낼 때, 영어 전용 언어 중추가 생성되며 발달한다. 혹자는 이것을 영어 회로라고 표현하기도 한다. 이 개념은 일반적으로 사용되지 않는다. 그러나 언어 중추, 영어, 뇌의 특정 영역 이 세 가지를 얼기설기 엮어 설명할 수 있겠다.

뇌에서 언어를 처리할 때 브로카 영역, 베르니케 영역이 중요한 역할을 한다. 영어를 모국어로 사용하는 사람들도 이 두 영역에서 영어를 처리한다. 영유 한 달 100시간씩 1년이면 1,200시간 3년이면 3,600시간인데, 이 시간이면 뇌 속에 영어 회로가 발달하고도 남는 시간이다.

결론적으로 영유, 일유 선택의 기로에 있다면 자녀의 성향을 먼저 파악하면 좋겠다. 소리에 민감한 아이인지, 그렇지 않은지 말이다. 4~5세 아이의 손을 잡고 영유를 찾아오는 부모 대부분, 아이들이 먼저 영어를 좋아한다고 말한다.

이후 가정 상황을 고려해야 한다. 경제적 여유가 있다면 정서적으로 안정된 환경을 제공하고 원서 중심의 커리큘럼을 제시하는 영유를 선택해도 좋다. 또한 원장의 교육 철학과 영어 수준을 체크하는 것을 가벼이 여겨서는 안 된다. 영유 원장이라면 영어를 원어민 교사에게 맡기는 것이 아니라, 그들에게 커리큘럼의 핵심을 짚어줄 수 있어야 한다. 중간관리자가 아닌 원장이 직접 원어민 교사를 관리할 수 있어야 다양한 리스크에 대비할 수 있다. 그렇지 않다면 엄마표 영어를 시도하는 것을 추천한다. 처음부터 작은 목표로 시작하고 반드시 꾸준히 해야 한다.

마지막으로 영어 수준은 모국어 수준만큼만 진보한다. 그러므로 원서뿐 아니라 모국어 책을 꼭 꼭 많이 읽어줘야 한다. 사실 이것이 가장 중요하다. '초등 고학년 때 처음으로 영어를 접했는데, 몇 년 후 영유 나온 친구들과 비슷해지고 수능 1등급까지 아주 무난하게 잘 갔다'라는 경우가 있다. 이 친구는 분명히 자신의 나이보다 수준 높은 한글 독서를 했음에 틀림없다. 그러니 7세도 수학 문제집을 푸는 것보다 책을 더 읽히기를 권한다. 도서관 문지방을 내 방처럼 들락날락거리는 아이들이 영어도 잘하게 될 확률이 높다.

영어 성공 비법 2
: 전교 1등을 만드는 자기주도 학습법

내 아이가 사교육 없이 전교 1등이 된 비결

나는 영어학원 원장이다. 그런데 내 아이는 사교육 없이 스스로 공부하며 좋은 성과를 냈다. 학원을 운영하면서도 사교육을 최소화했다는 사실에 많은 사람이 의아해한다. 특별한 재능이나 고급 교육 덕분일 것이라 생각하는 사람들도 많지만, 실상은 전혀 다르다. 우리 아이는 학원을 다니지 않고도, 스스로의 노력만으로 전교 1등을 해냈다.

우선 나는 항상 일로 바빠서, 아이들의 학업에 신경 쓸 겨를이 없었다는 것을 고백한다. 또한 미취학 연령부터 조기 학습을 시키는 세태에 관해, 그다지 긍정적인 인식은 아니었다. 나는 아이들을 조기 학습을 시키는 대신, 아이들이 스스로의 본분에 책임을 질 수 있는 덕목을 기르는 데 집중했다. 정확히 인성 교육에 집중했다면 맞는 말일 것이다.

첫째 아이가 일곱 살 무렵, 글자에 관심을 보이기 시작했을 때가 전환점이었다. 나는 그때까지 굳이 한글을 교육시키지 않았고, 활자가 스스로 궁금해질 때까지 기다려 보았다. 그러던 아이가 하루는 야외 간판을 보며 "저건 뭐야?"라고 묻기 시작했다. 나는 그 순간을 놓치지 않고, 그 시절의 《한글이 야호》라는 책 한 권을 코팅해서 아이에게 건네주었다. 처음엔 옆에서 가르치지 않고, 아이가 스스로 책을 보며 궁금증을 해결할 수 있도록 두었다. 억지로 따라 읽게 하거나 반복 학습을 시키지도 않았다.

아이는 책을 보며 내게 질문을 퍼부었고, 그제야 조금 글자 쓰는 방법을 가르쳐주었다. 놀랍게도 아이는 책을 넘기며 자연스럽게 글자를 익혀 나갔다. 글자 모양을 소리 내어 읽어보기도 하고, 스스로 단어를 짚어가며 반복해 보기도 했다. 결국, 아이는 그렇게 한글을 터득했다.

둘째 아이는 더 놀라웠다. 그때도 나는 바빴기에 둘째에게 한글을 가르칠 시간조차 없었다. 그런데 어느 날, 유치원 선생님께서 전화를 주셨다.

"어머님, 아이가 이미 한글을 거의 알고 있는데, 집에서 가르치신 거죠?"

나는 당황해서 대답했다. "아뇨, 가르친 적이 없어요. 너무 바빠서 신경도 못 썼습니다."

알고 보니, 둘째는 누나가 책을 읽는 모습을 옆에서 보며 자연스럽게 글자를 익히고 있었다.

두 아이를 보며 내가 얻은 교훈

이 경험은 내게 중요한 교훈을 주었다. 아이들은 스스로 배우려는 본능이 있다. 중요한 것은 모든 교육을 직접적으로 시키는 것이 아니라, 배울 기회를 제공하고, 아이가 탐구할 시간을 주는 것이라는 사실이었다.

나는 아이가 자라면서 스스로 일에 책임을 지는 태도를 가지도록 더욱 신경 썼다. 엄마로서 아이의 숙제를 도와준 적이 거의 없다. 아이가 어려운 문제를 만나도 답을 알려주기보다 스스로 생각할 수 있도록 화두를 던져주었다.

그럼, 아이들은 이내 "아하! 이제 알았어." 하며 돌아서는 날들이 많았다.

영어 단어를 모른다고 알려달라고 가져오면, 나는 영단어를 읽어주는 대신, 영어사전을 찾고 발음을 듣는 법을 가르쳐주었다.

하루는 아이가 수학 문제를 풀면서 한참을 끙끙대고 있었다. 엄마한테 요청도 안 하고 안쓰러운 마음에 "힘들면 도와줄까?"라고 물어

보았지만, 아이는 고개를 저으며 말했다.

"아니, 내가 혼자 해볼게."

그 순간, 나는 깨달았다. 아이는 이미 스스로 해결할 수 있는 힘을 키우는 중이었다. 부모가 너무 쉽게 개입하면, 아이가 자신의 한계를 넘어 도전할 기회를 빼앗아 버릴 수도 있다는 사실을 알게 되었다. 그렇게 작은 성공과 실패를 반복하며, 아이는 문제를 해결하는 힘을 길러갔다.

아이가 초등학교 6학년이 되었을 때, 어느 날, 나는 아이의 오답노트를 우연히 보게 되었다. 담임 선생님께서 알려주신 오답노트 작성법은 아이의 학습 태도를 완전히 바꿔놓았다. 선생님은 단순히 틀린 문제를 정답으로 고치는 것이 아니라, 문제를 오려 붙이고 왜 틀렸는지, 어떤 개념을 이해하지 못했는지, 다음에는 어떻게 풀어야 할지를 자세히 기록하게 하셨다. 단순히 문제를 맞히는 것에 집중한 것이 아니라, 스스로 부족한 점을 발견하고 보완하는 과정을 만들어 가고 있었다.

나는 이 오답노트를 보며, 아이가 실수를 학습의 일부로 받아들이고 있다는 것을 느꼈다. 틀린 문제를 감추거나 부끄러워하는 대신, 성장을 위한 발판으로 사용하고 있었다. 또한 더 기특한 것은, 누구도 아이에게 강요한 적이 없는데, 스스로 그것을 수행하고 있었다는 사실이다.

아이는 오히려 "엄마, 나 오늘 정말 많이 틀렸어!" 하며, 오려 붙인 오답노트를 자랑하며 보여주었다. 이제 이 문제들은 확실히 풀 수 있다며 즐거워하는 마음을 보며 새삼, 담임 선생님께 정말 감사한 마음이 들었다.

전교 1등은 정말 교과서로 공부할까

나는 평소 아이에게 '수업 시간에 집중하는 것'의 중요성을 강조했다. 그리고 어떤 문제집보다 교과서를 반복해서 학습하는 것이 중요하다고 가르쳤다. 시험 준비를 할 때도 문제를 풀기 전에 교과서를 최소 3회 읽어보자고 독려했다.

전국의 많은 전교 1등 학생들이 교과서를 반복해서 읽고, 깊이 이해하는 방식으로 공부한다는 사실을 알았기 때문이다. 하지만 대다수의 학생이, 그와 반대로 문제집과 요약본에 의존하는 경우가 많다. 개념을 반복하는 것이 귀찮고, 이미 알고 있다고 착각하고 있기 때문이다.

나는 아이가 학습의 본질을 이해하기를 바랐다. 교과서 회독(반복학습)이 중요했던 이유다. 교과서는 단순한 학습 자료가 아니라, 학습의 출발점이자 완성본이라고 생각한다. 교과서 학습법은 단순하다. 먼저 단원 목표를 읽으며, 배울 내용을 스스로 예측한다. 본문을 읽을 때는 중요한 개념에 밑줄을 긋고, 모르는 단어를 표시하는 것이 중요하다. 이후 학습 내용을 다시 읽고 자신의 언어로 요약해 본다. 마지막으로, 배운 내용을 바탕으로 직접 문제를 만들어 풀어보는 과정을 거친다. 이 반복 학습 과정은 아이가 단순한 암기에서 벗어나, 개념을 깊이 이해하고 응용하는 힘을 길러줄 수 있다.

하지만 아이가 중학생이 되면서, 나 역시 엄마로서 '혹시 내가 아이들 교육에 너무 신경을 안 쓰고 있는 건 아닐까?' 하는 걱정이 들기 시작했다. 주변에서는 이제 무조건 학원을 보내야 한다고 권유하였다. 그래서 어느 날 불안한 마음에, 아이에게 이제 학원에 가는 것이 어떻겠냐고 조심스레 물어보았다. 하지만 아이는 자신 있게 말했다.

"엄마, 저 혼자서도 충분히 할 수 있어요. 더 열심히 해볼게요."

첫 시험에서 잘 보지 못한다면, 그때는 학원에 다녀보겠다고 약속했다. 나는 그 말을 한번 믿어보기로 했다. 그리고 몇 달 후, 아이는 중학교 첫 시험에서 스스로의 힘만으로 전교 1등을 해냈다. 그 과정에서 엄마로서 그다지 도와준 것이 없어서 미안하고 기특할 뿐이었다. 두 번째 시험도 연이어 최고의 성과를 이루었다.

나는 학원 원장이지만, 아이를 공부 잘하는 아이로 키우는 핵심은 사교육의 유무가 아니라고 생각한다. 물론 사교육도 필요하지만, 그 전에 더 중요한 것이 있다. 아이가 자신의 학습을 스스로 책임지는 태도, 문제를 해결하려는 끈기, 그리고 실수를 성장의 기회로 받아들이는 마음가짐. 이 세 가지 덕목이, 내 아이를 전교 1등으로 만들어준 진짜 이유였다.

이것을 미취학 때부터 끊임없이 가정교육으로써, 아이들에게 스스로의 일을 수행하고, 그에 관한 책임을 질 수 있는 과정을 경험시켜주는 것이 부모의 책무라고 생각한다.

사자는 새끼에게 먹이를 직접 입에 넣어주지 않는다. 대신, 새끼가 스스로 고기를 뜯어 먹으며 생존을 배우게 하고, 먹이를 잡는 법을 가르친다. 아이의 학습도 마찬가지다. 부모가 대신 문제를 풀어주는 대신, 스스로 해결할 기회를 줄 때 아이는 진짜 성장한다.

아이가 자신의 가능성을 발견하고, 스스로의 힘으로 성장할 수 있도록 기다려주는 것. 그것이야말로 진정한 교육이라고 나는 믿는다.

영어 성공 비법 3
: 실전에서 빛나는 실력

가장 효과적인 공부법 ① 스스로 가르친다

주말이면 초등 3학년 딸과 6살 아들이 거실 테이블에 모인다. 큰아이가 일주일간 학교에서 배운 것들을 복습하는 시간이다. 주로 사회와 과학을 복습한다. 진도를 나간 범위를 확인한 뒤, 나는 이동식 칠판을 가져다 끌어다 두고, 큰아이는 책을 보며 중얼거리기 시작한다. 10분 남짓 지나고, 아이는 강사로 변신한다. 보드마카를 잡고 화이트보드에 판서를 하며 설명하기 시작한다. 엄마와 동생은 학생이다. 설명을 듣고 고개를 끄덕이거나, 이해가 안 가는 것을 질문하기도 한다. 아이가 답을 잘하지 못하면 함께 책을 찾아보기도 하고 유튜브에 관련 영상을 검색해 보기도 한다. 그저 문제집을 풀게 하는 것보다 시간이나 흥미도 면에서 효율이 훨씬 높다.

학습력도 다르고, 성향도 다른 수많은 학생을 가르치며 20년이 넘는 세월 동안 매 순간 체감하는 게 있다. 바로, 직접 설명하게 하는 것이 가장 효과적인 가르침이라는 것.

내 아이의 수업 참여율은 얼마나 될까? 수업 내용은 얼마나 이해할까? 배운 것은 얼마나 잘 기억하고 있을까? 내 아이가 초등학생이 되고 나니 학부모로서의 애타는 마음이 이해가 가는 듯하다. 파악하는 방법은 간단하다. 아이가 배운 내용을 설명할 수 있는지 확인하면 된다. 아이의 시험지에 동그라미가 쳐진 문제를 설명시켜 보는 것이다.

미국의 행동과학연구소NTL에서 발표한 〈학습 효율성 피라미드〉는 어떤 방법으로 공부하는 것이 가장 기억에 오래 남는지를 연구한 결과이다.

우리가 흔히 생각하는 학생답게, 그저 듣고 이해하는 수업이 가장 효율이 낮다. 반면에 학생이지만 선생님의 입장이 되어 누군가를 가르쳐 보는 것이 가장 학습 효율이 높다. 오늘 배운 것의 90%를 기억할 수 있다면, 이 학습법을 취하지 않을 이유가 없지 않은가.

내가 가르치는 아이들도 마찬가지다. 중학교 진학을 앞둔 6학년 겨울방학부터는 본격적인 문법 학습을 시작해야 한다. 그전에 초등 시기에 기본적인 배경지식을 쌓는 것은 물론이다. 여기서 '본격적인'이란, 바로 '내가 주체가 되어 설명해 보는' 학습을 의미한다.

초등부 에이스였던 6학년 준빈이는 올 12월에 초등부 딱지를 떼고, 중등부 수업을 시작했다. 중등부 수업의 대부분은 학생이 강사가 되는 수업으로 운영하고 있다. 준빈이도 드디어 〈초보 학생 강사〉로 데뷔하게 되었다. 초등부 때부터 워낙 잘 따라오는 성실한 아이였으나, 처음 해보는 설명에 횡설수설하며 선생님의 피드백을 받는 날들이 많아졌다. 대부분 거쳐 가는 초보 학생 강사 시절의 모습이다. 난생처음 받는 지적 세례에 "차라리 문제를 풀게요."라며 볼멘소리를 한다. 분명 설명은 매끄럽게 못 했는데, 정작 시험지를 주고 문제를 풀라고 하면 답은 잘 맞힌다. 신기하지 않은가?

이처럼 이해하는 것과 설명할 수 있는 것은 완전히 별개이다. 즉, 고개를 끄덕이고 이해한다고, 아이가 다 알고 있는 건 아니라는 말

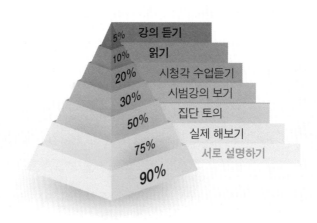

〈학습 효율성 피라미드〉

을 하고 싶다. 내가 이해한 개념을 재구성하고, 순차적으로 뱉어내는 것은 매우 정교한 작업이다. 수없이 연습하고, 막히고, 다시 수정하는 과정을 거칠 것이다. 반복을 거쳐서 나의 설명이 완성될 때, 나의 공부도 완전해진다.

가장 효과적인 공부법 ② 입으로 소리내어 설명하라

성현이의 별명은 '중2 성실이'다. 과제도 잘해오기 때문에 학원에서 나머지 수업을 할 일이 없는 아이다. 오늘도 〈학생강사 테스트〉에 한 번에 통과했다. 하지만 나머지 공부를 하는 가장 친한 친구 민우를 위해 강의실에 남아있다. 민우의 '설명 연습'을 도와주기 위해서다. 민우가 테스트에 통과할 수 있도록, 옆에 앉아서 몇 번이고 더 나은 설명 방법을 알려준다.

자, 그런데 이 과정에서 가장 수혜자는 누구일까? 바로 성현이다. 민우를 도와주는 과정에서 개념의 체계가 더 확실히 정리되는 것은 물론이고, 체득화되어서 뱉어 내는 속도도 빨라질 것이다.

"우리 민우가 성현이를 많이 좋아하네. 성현이 더 똑똑해지라고 설명해달라고 했어? 설명해 보는 게 최고의 공부지. 우리 성현이는 민우 덕분에 이제 선생님보다 더 잘 가르치겠네!"

선생님의 이러한 독려에 수업 전이나 쉬는 시간마다 진풍경이 펼쳐진다. 서로 설명해주고 질문해주며, 더 정확한 설명 방법에 대해 논하는 학생들이 삼삼오오 모여 있다.

이렇게 수업 준비를 해온 아이들은 수업 시간에 참여도가 엄청나게 높다. 아이들 설명의 부족한 부분은 선생님의 피드백으로 채우기 때문에 그날 배운 것은 완전하게 습득하고 돌아간다. 무엇보다도, 아이들이 주인공이 되는 '설명하는 수업' 중에는 결코 졸 수도 없다!

✏️ TIP 반드시 스스로 확인하는 습관을 들이자

학생 강사가 되어보는 공부법에서 정말 중요한 주의 사항 두 가지가 있다.

첫째, 눈과 머리로만 설명하지 않고, 반드시 입으로 소리 내어 설명해야 한다. 내뱉어보아야 나의 설명이 어디서 막히는지 파악할 수 있기 때문이다. 막히는 부분의 개념을 다시 확인하고 소리 내어 연습한 뒤, 다시 설명을 시작한다. 막힘없이 한 번에 설명이 완성될 때까지 끊임없이 반복한다.

둘째, 내가 한 설명이 맞는지 반드시 확인해야 한다. 아직 서툰 중학교 1학년들이 주로 저지르는 학습 오류가 있다. 집에서 설명 연습할 때, 혼자서 엉터리로 설명하고는 무언가를 말했으니 다 됐다고 여긴다. 막상 수업 중에 아이의 설명을 들으면 앞뒤가 맞지 않는 경우가 많다. 아이의 설명을 확인해 줄 사람이 옆에 없더라도, 내 공부를 스스로 완성하려는 의지와 연습이 꼭 필요하다.

영어 성공 비법 4
: 아는 것에서 출발하며 학습지도 그리기

차례로 기르는 메타인지

초등학생 시기에 시험을 경험해 보지 못하던 아이들이, 중학교에 진학하면서 처음으로 내신시험을 치르게 된다. 시험이 끝난 후 학생들과 개별 상담을 할 때면, 종종 내게 다른 과목 공부법을 물어보곤 한다. 이때마다 늘 해주는 이야기가 있다. "차례부터 시작하렴."

오늘 내가 공부해야 하는 범위의 〈대단원, 중단원, 소단원〉이 무엇인지를 파악하고 공부하면, 전체를 한눈에 파악할 수 있다. 차례를 보면 내가 무얼 공부하고 있는지 큰 틀에서 먼저 볼 수 있다.

특히 영어에서 문법 영역은 큰 지도를 그리는 것이 중요하다. 외워야 할 규칙이 워낙 많아서 가는 길이 헷갈리기 시작하는 때가 분명 오기 때문이다.

문법은 단순한 '훈련'이 아니라 '지식'을 쌓아가는 영역이다. 무작정 암기가 아니라, 정확한 이해로 흐름을 파악하고, 그 지식을 읽기와 쓰기 영역에서 응용까지 해내야 한다. 하지만 단순히 문법 하나하나의 개념 정의에 집중하는 수업이 훨씬 많은 것이 현실이다. 하나의 개념을 각각 공식 외우듯이 달달 암기하며, 예문과 문제 풀이로 '훈련'만 하는 것이 참으로 아쉽다.

단순하게 암기한, 조각난 지식은 쉽게 날아가 버리기 마련이다. 문법책을 서너 번 본다고 해도 아직 완전히 숙달하지 못했다고 하는 이유는 무엇일까?

새로 배우는 규칙을 이미 알고 있던 규칙에 연결하여 꽁꽁 묶어놓지 않은 탓이다. 내가 어디쯤에서 배우고 있는지, 어디와 연결되어 있는지를 파악하고 마인드맵을 그리듯 확장해 나가는 것이 필요하다. 차례의 또 다른 형태가 바로 마인드맵이다. 지도를 잘 그려야 내 공부의 주소를 파악하고 길을 잃지 않을 수 있다.

내가 아는 것에서부터 출발하라

다음 〈표1〉 학원 자체 문법 교재의 차례다. Level 1, 2, 3 교재의 각 차례의 양에 집중해 주기를 바란다.

Level 1 교재의 차례보다 Level 3 교재의 차례 양이 훨씬 적은 걸

〈표1. 학원 자체 문법 교재의 차례〉

볼 수 있다. 학년이 올라갈수록, 배우는 내용이 적어지는 걸까? 그렇지 않다.

영어는 수학과 달리 학년별로 배워야 하는 공식이 딱 나뉘어 있지 않다. 그러나 모든 단계의 문법 체계들이 유기적으로 연결되어 있다. Level 2 교재를 학습할 때, Level 1 내용에서 출발하여 한 겹의 지식만 슬쩍 얹힌다. Level 3 교재를 학습할 때도 마찬가지다. Level

2에서 배운 내용을 복습하며, 마지막 한끝만 더해 설명한다.

그래서 연결할 기존의 지식이 없는 Level 1 교재가 가장 양이 많고 학습 시간도 오래 걸린다. 하지만 단계가 올라갈수록 새롭게 시작해야 하는 공부량은 현저히 줄어든다. 이것이 바로 학습지도를 그리며 연결하고 확장해 나가는 학습의 효과이다.

다음 표는 교과서에서 학년마다 학습하는 네 가지의 조각난 문법 개념이다. 중1부터 중3까지 차례로 각각 배우는 내용이다. 이 표로 기존의 지식에 새로운 지식을 쌓아가는 예시를 보여주려 한다.

교과서문법 예시	1단계	목적격보어에 명사와 형용사
	2단계	'want'는 목적격보어에 to부정사
	3단계	'사역동사'는 목적격보어에 동사원형
	4단계	**'지각동사'는** 목적격보어에 동사원형과 현재분사

〈표2. 학년마다 학습하는 4가지 문법 개념〉

다음 〈표3〉은 실제로 중학생이 '학생 강사'가 되어서 설명하는 예시이다. 〈표2〉의 마지막 4단계의 '지각동사'를 설명하고 있다. 설명의 시작은 〈표2〉의 처음 1단계인 목적격보어의 개념에서 출발하여, 1~4단계의 모든 내용을 담고 있는 것이 특징이다.

교과서문법 예시	4단계	"원래는 목적격보어자리에 명사와 형용사가 온다. (1단계) 그래서 그 자리에 만약 동사가 오려고 하면 to를 붙여서 그 동사를 형용사나 명사로 바꿔줘야 한다. (2단계) 하지만 사역동사는 특이동사라서 목적격보어 자리에 예외적으로 동사원형이 온다. (3단계) **지각동사**도 사역동사와 공통으로 특이동사라서 예외적으로 동사원형이 온다. 하지만 세상에 완전히 똑같은 건 없다. 지각동사는 사역동사와 다르게 동작을 강조할 때 현재분사가 오기도 한다." (1단계)

〈표3. '지각동사'를 설명하는 방법 예시〉

지각동사 하나를 배우면서 이전에 배웠던 세 가지 개념을 복습하고, 연결 짓고, 공통점과 차이점까지 구분 지었다. 이제 이 학생은 네 가지 개념이 큰 지도를 보듯 한눈에 들어왔을 것이다. 중학교 2~3학년 공부를 할 때마다 중학교 1학년 공부를 끄집어낸다면, 과연 문법책 몇 바퀴를 돌리며 복습을 할 필요가 있을까? 연결된 학습만이 쌓여가는 공부를 가능하게 한다.

사실 학생들은 짧게 한 문장으로 암기하는 게 당장은 더 편하다고 한다. 하지만 네 가지 개념을 모두 넣어서 순차적으로 비교하며 설명해야만 테스트에 통과할 수 있다. 그래서 학원에서 1학년 때는 힘들다며 울상을 짓지만, 2학년이 되면 어느새 베테랑 "학생 강사"가 되어 지난날의 고생을 뿌듯해한다.

이 학생들에게 자주 하는 질문이자 협박(?)이 있다.

"조각난 단순 암기로 2만 개의 새로운 지식을 쌓을래? 지금 당장은 조금 귀찮더라도, 이전에 배운 것과 연결해서 새로운 200개만 쌓을래?"

여기에 대한 학생들의 선택은 언제나 한결같다. 완전히 새로운 지식은 없다. 아이들이 자신만의 학습지도를 잘 그려내 보길 바란다.

수학 정복하기 1
: 개념 이해의 중요성

심화학습이 먼저일까, 선행학습이 먼저일까

학년이 올라갈수록 수학뿐만 아니라 모든 과목의 학습량이 늘어난다. 여유가 있을 때 이것들을 미리 공부해 두면 나중에 시간적 여유가 있다. 교과 수학을 공부하는데 여유가 생겼을 때, 수학 전문가들은 선행을 나갈지, 심화를 다질지 논쟁거리로 삼는다.

심화학습은 현재 학년의 개념을 깊이 있게 이해하고, 응용력을 키우는 데 도움이 된다. 또한 심화학습을 통해 복잡한 문제해결 능력과 수학적 사고력을 기를 수 있다. 흔히 '공부 그릇을 키운다'는 표현으로 심화학습을 진행한다.

하지만 심화학습은 많은 시간이 소요되어 학습이 비효율적일 수 있기 때문에 심화보다는 선행학습을 진행해야 한다는 의견도 있다. 선행학습은 상위 학년의 내용을 미리 접하면 전반적인 수학 실력 향상에 도움이 된다는 입장이다.

이처럼 수많은 교육정보가 난무하지만, 대부분 중요한 사실을 간과하고 있다. 바로 개념을 아주 탄탄하게 다진 후 선행이냐, 심화냐 논하는 것이 의미가 있다는 것. 이것은 워낙 당연한 말이기 때문에 대부분의 교육정보나 전문가들이 생략한 채 메시지를 전달한다.

개념을 적당히 이해하거나 제대로 이해하지 못한 채 수학 문제를 푸는 아이들은 몇 가지 특징이 있다.

먼저, 단순히 개념을 외운 암기형이 있다. 공식과 풀이 과정을 단순히 암기한다. 유사한 문제는 풀 수 있지만 개념의 본질적 이해 없이 기계적으로 문제를 풀기 때문에 응용력이 부족하다. 따라서, 조금만 문제가 꼬여 있어도 새로운 유형으로 인식하고 문제를 해결하지 못한다. 기억력에 의존하기 때문에 학습 효율이 떨어진다.

다음으로는 문제 풀이형이 있다. 흔히 말하는 '양치기' 학습법이 이에 해당한다. 많은 문제를 풀어 패턴을 익히는 데 집중하는 공부법이다. 문제의 본질을 이해하지 못해 응용력이 부족하다. 새로운 개념이 도입될 때마다 많은 양의 문제를 풀어야 하므로, 학년이 올라가면 올라갈수록 어려워진다.

또한 문제 해결 기술 의존형이 있다. 유형별 풀이 방법을 익히는

데 집중하기 때문에 오래 기억하기 어렵다. 새로운 문제나 어려운 문제는 여전히 풀지 못한다.

이러한 유형은 모두 깊이 있는 개념의 이해 없이 당장의 성과를 위해 문제 풀이에만 집중하는 경향이 있다. 결과적으로 수학의 본질적인 이해와 응용력 개발에 어려움을 겪게 되며, 장기적으로는 수학 실력 향상에 한계를 보인다.

'제대로 이해하는 것'의 중요성

학년이 올라갈수록, 난이도가 높아질수록 수학 문제의 문장은 길어진다. 그림과 같은 시각적 자료는 줄어든다. 긴 문장의 문제 속에서 핵심 질문을 찾아내는 것, 문장을 읽고 이미지화하는 것은 개념을 탄탄하게 이해하였다면 그리 어려운 일이 아니다.

개념을 단순히 아는 것이 아니라 '제대로' 이해하였다면, 어떤 군더더기가 붙은 문제도 체계적으로 문제의 본질에 접근할 수 있게 되어 문제 해석이 쉬워진다. 논리적 사고력이 생기는 것이다.

또한, 다양한 상황에서 유연하게 적용할 수 있다. 응용력이 증대되는 것이다. 새롭고 복잡한 문제가 나와도 각각의 새로운 공식이 아닌 알고 있는 공식을 최대한 활용하여 문제를 풀 수 있어서 창의적으로 문제를 해결할 수 있게 된다.

개념을 이해하면 공식이나 방법을 더욱 쉽게 기억하고 활용할 수 있다. 만약 잊어버리더라도 개념을 바탕으로 재구성할 수 있어 오류 가능성이 낮아진다.

단순히 개념을 아는 학습자에 비해 더 많은 성취를 경험하면서 더 큰 자신감을 느끼게 되고, 학습 동기가 높아진다. 이는 수학에 대한 흥미로 이어져, 장기적으로 수학 학습을 지속하는 데 큰 도움이 된다.

결론적으로, 개념 이해는 수학 문제 해결에 있어 핵심적인 역할을 한다. 단순한 암기를 넘어 개념을 깊이 이해하고 적용하는 능력을 기르는 것이 수학 실력 향상의 지름길이 될 것이다.

수학 정복하기 2
: 수학의 즐거움을 찾는 방법

수학은 외계어가 아니야!

아이들이 게임 할 때 옆에서 지켜본 적 한 번씩은 있는가. 아이들이 게임 하는 것을 보고 있으면 저 어려운 걸 어떻게 하나 싶다. 도대체 왜 저렇게 빠져있나 싶어서 따라 해보면 나의 오른손 왼손은 이미 나의 것이 아니다. 눈에는 보이는데 나의 자기주장 강한 손은 전혀 따라주질 않는다. 갈 길 잃은 내 손들은 그냥 놀고만 있다. 이쯤 되면 아이들이 신기하다 못해 존경스러울 지경이다.

하지만 나의 눈에 신의 경지에 있는 이 아이들도 처음은 있었다. 그렇다면 그 처음은 어땠을까? 게임 튜토리얼은 교묘하다. 처음부터 고급 단계로 넘어가지 못한다. 처음에는 초급자들이 모여 있는 길드에서 한참을 굴러서 체급을 올려야 한다. 중급으로 넘어가기 위해서 한동안 실패에 실패를 거듭한다.

물론 실패만 계속한다면 금방 싫증 나서 다른 게임으로 가버릴 것이다. 그래서 게임 회사는 적당히 그 완급을 조절해 준다. 무료 아이템도 선물로 주고 레벨도 올려주면서 말이다. 아이들은 게임 회사가 치밀하게 계산한 루트에 따라 점점 게임에 익숙해지고 초급에서 중급으로, 또 고급으로 넘어가면서 역량을 높여나간다. 이런 과정에서 많은 실패와 성공을 거듭하지만 자기의 레벨이 성과로 보이고 또 친구들에게 자랑거리도 된다.

수학도 이 게임의 튜토리얼을 적용해 보면 어떨까? 초등학생들은 '어떤 수'라는 네모, 세모, 동그라미를 통해서 대수를 배운다. 지금 보면 아무것도 아닌데 왜 그렇게 어려워하는지….

개념 이해 부족이 원인일까? 물론 개념이 부족해서일 수도 있다. 하지만 대부분은 그냥 낯설기 때문이다. 낯설어서 서툴고, 서투니까 점수도 안 나오고, 점수도 안 나오니 하기 싫고, 하기 싫으니까 안 하고, 안 하니까 모른다. 그렇게 1년, 2년 지나가 버리는 것이다. 그러다가 세상 유명한 수포자가 된다.

수학 점수 향상을 위한 3가지 열쇠

대부분의 학원에서 아이들의 학습 효율을 높이기 위해서 레벨을 나눠서 수업한다. 예를 들어 A반, B반, C반 이렇게 나눈다고 하자. A반은 간단한 설명만으로도 개념을 이해하고 문제도 척척 풀어낸다. B반은 설명을 여러 번 해야 하고 관련 예제도 여러 번 풀어줘야 한다. 하지만 가끔 까먹는다. C반은 주구장창 개념 설명을 해줘야 하고 문제도 일일이 다 풀어주는데도 다음날 다시 순진한 얼굴을 하고 있다.

이렇게 레벨을 나눠서 수업하다 보면 열심히 하는데 실력이 정체되어 있는 아이들이 있다. 조금만 물꼬를 튼다면 봇물 터질 아이들이 보인다. 그런 아이들은 다른 선생님들의 반대에도 불구하고 레벨을 올려버린다. 처음에는 힘들어하지만, 어느 순간 쭉쭉 차고 나간다.

아이들이 수학을 재미있게 느끼게 하는 비결 중 하나는 수학 레벨이 확 올라버리는 것이다! 이 레벨 업이 아이들에게는 지대한 영향을 준다. 그냥 '내가 이 어려운 걸 해냈구나' 하는 자신감이 하늘을 찌른다. 수학 점수 향상을 위한 첫 번째 열쇠는 자신감이다!

예를 들어, 중2나 중3에게 고1이 공부하는 공통수학을 살짝만 알려주면 갑자기 수학 잘하는 아이가 되어 버린다. 공통수학에서는 대부분은 삼차식 인수분해, 사차식 인수분해를 하다 보니 이차식 인수분해는 그냥 쉬워 보인다. 쉬우니까 재미도 있고 못 풀어서 쩔쩔매고 있는 친구들을 찾아서 침 튀기며 설명도 해준다.

선행을 하라는 거냐고 묻는 독자가 있을 수 있겠다. 선행이 쟁점이 아니다. 아이들에게 수학에 대한 자신감을 주라는 것이다. 그럼

비싼 돈 주고 선행하는 학원에 보내야 수학에 자신감이 생기는 건가? 조금만 시간을 할애하면 개념 설명이 잘된 동영상이 여기저기 돌아다닌다. 문제 풀이도 잘 설명되어 있다. 그렇다고 아이에게 혼자 알아서 잘 듣고 풀어보라고 내버려두어선 안 된다. 아이는 처음 하는 것이다. 엄마와 아빠가 조금만 시간을 내어 먼저 공부해 보라. 같이 공부해도 괜찮다. 자, 이제 수학 자신감이 충전될 일만 남았다.

이제 수학 자신감은 생겼는데, 다음 관문이 남았다. 요즘은 사고력 수학이 대세다. 날이 갈수록 사고력을 요하는데 알파 세대 아이들은 문제를 꼼꼼하게 읽지 않는다. 사고력도 문제지만 대충 보고 숫자나 그림만 대충 보고 문제를 푼다.

수학 점수 향상을 위한 두 번째 열쇠는, 문제를 제대로 읽기다. 요즘 수업 때마다 하는 말이 있다. '시현이는 문제를 제대로 안 보는 게 문제다.' 학원에만 맡겨두지 말고 우리 아이가 문제를 잘 읽고 문제를 푸는지 살펴보자. 문제를 읽고 나서 푸는 연습을 시키자. 처음에는 같이 문제를 소리 내어 읽어보자. 이런 간단한 것도 하지 않는 아이들이 많다는 게 문제다.

수학에 대한 자신감도 있고, 지문을 꼼꼼하게 읽고 문제도 잘 푸는데 계산은 안 되는 아이가 있다. 이것도 문제다. 사고력을 강조하니 연산은 등한시해도 되는 것 같이 느껴진다. 당연한 말이지만, 수학에서 연산은 기본이다. 이것이 수학을 위한 마지막 열쇠이다.

개념을 잘 알고 문제를 푸는 데 연산에 실수가 잦고 계산 속도가 느리다면 보완해 주어야 한다. 계산 과정에서 실수해서 답이 틀리면 그냥 틀린 것이다. 계속해서 답이 틀려버리면 애써 수학 자신감을 키워놨는데 애쓴 보람도 없이 '나는 해도 안 되나 봐.' 하고 포기해 버린다.

개념도 잘 알고 사고력 문제도 잘 푼다. 근데 점수는? 시간 안에 빨리 풀려면 연산이 기본이 되어야 한다. 연산도 잘하는 것 같은데? 그럼, 문제를 20문제 또는 30문제 정도 정해서 타이머를 사용해 문제를 풀게 해보자. 한 문제당 1분 내외면 적당하다. 처음에는 몇 분씩이나 걸리지만 어느 순간부터 1분 내외로 자리 잡게 된다. 한두 번에 되지 않는다. 연습 또 연습이 필요하다. 이제부터는 엉덩이 싸움이다.

아이 수학 실력은 스스로 자라지 않는다

처음부터 수학을 잘하는 아이가 얼마나 될까? 나도 학창시절 수학이 싫었는데, 내 아이는 또 어떠하겠는가? 오늘부터 아이와 함께 차근차근 수학 공부력을 키워나가 보자. 내 집에 온 화초도 물을 주고 영양제를 주고 관심도 줘야 한다. 아이는 저절로 크지 않는다. 부모가 한 번 더 눈길을 주고 내가 한 번 더 관심을 가지면 우리 아이도 차츰 수학에 관심을 가지고 점점 수학을 잘하게 될 것이다.

최소한 "나는 수학 공부하고 있는데 엄마는 왜 폰 보고 있어?"라는 말은 듣지 않도록 하자. 아이는 부모의 등을 보고 자란다고 한다.

얼마 전 의대 진학이 목표인 서윤이에게 의대에 갈 수 있는 비밀을 알려준 적이 있다. 그 일급비밀을 듣고는 서윤이는 차라리 의대를 포기하겠다고 했었다. 내가 서윤이에게 알려준 '의대를 갈 수 있는 일급비밀'은 무엇이었을까? 그것은 바로 '스마트폰을 없애는 것'이었다. 요즘 아이들은 스마트폰이 없으면 큰일 나는 줄 안다. 하지만 없애보면 실제로는 그렇지 않다.

나는 가끔 아무것도 하기 싫을 때 시계를 본다. 시계를 보다 보면 정말 무서울 만큼 시곗바늘이 빨리 돌아간다는 것을 알 수 있다. 언젠가부터 시간이 아깝다는 게 뼈저리게 다가왔다. 아이들이 스스로 이러한 사실을 깨닫기에는 시간이 너무 오래 걸린다.

어릴 때부터 아이에게 공부의 재미를 느끼게 했다면, 그 재미를 쫓아 스스로 책상에 앉아 책과 씨름하는 아이로 키웠다면, 이 글을 볼 필요가 없다. 하지만 내 아이가 "수학은 싫어"라고 한다면 다시 한 번 이 글을 읽고 고민해 보길 바란다.

수학은 외계어가 아니다. 언젠가 게임에서 현란한 손놀림으로 튜토리얼을 익히듯 수학에서도 튜토리얼을 깨우쳐 나갈 것이다.

수학 정복하기 3
: 독서와 문해력을 통한 수학 학습법

독서가 수학 학습에 중요한 이유

"독서하면 수학을 잘하게 된다?"

많은 학부모 중 낯설게 느끼는 분도 있을 수 있다. 독서와 문해력은 수학 학습에서 매우 중요한 역할을 한다. 수학은 단순한 계산이 아닌 문제를 이해하고 분석하는 능력이 필요하다. 이 과정에서 문해력은 핵심 역량으로 작용한다.

독서가 수학 학습에 중요한 이유는 독서를 통해 얻는 언어적 표현력과 사고력은 수학 문제를 이해하는 데 필수이기 때문이다. 특히, 서술형 문제나 긴 설명이 포함된 수학 문제를 풀 때 독해 능력이 부족하면 문제를 이해하지 못해 성적이 떨어질 수 있다. 실제로 연구에 따르면 독서를 꾸준히 하는 학생들은 수학적 사고와 문제 해결 능력이 향상된다고 한다. 이는 다양한 배경지식과 논리적 사고력의 발달 때문이다.

독서가 수학 학습에 중요한 이유를 구체적으로 살펴보면 아래와 같다.

1. 문제를 이해하는 데 필요한 독해력 강화

수학 문제를 푸는 첫 단계는 문제를 정확히 이해하는 것이다. 특히 긴 문장으로 서술된 문제나 실생활 맥락이 포함된 문항은 독해력이 부족하면 정확히 이해하기 어렵기 때문이다.

예를 들어, "한 마을에 3개의 우체통이 있고, 각각의 우체통에 평균 20개의 편지가 들어 있다. 전체 편지 수는 몇 개인가?" 이 문제는 문장을 통해 핵심 정보를 추출하고 문제의 의도를 파악해야 풀 수 있다. 독서 습관이 있는 학생은 이러한 정보를 빠르게 파악하는 능력이 향상된다.

2. 논리적 사고력과 추론 능력 발달

독서를 통해 경험하는 다양한 이야기는 학생들에게 논리적 구조와 인과관계를 이해하는 데 도움을 준다. 또한 수학에서 요구되는 논리적 사고와 직접적으로 연결되기 때문이다.

예를 들어, "A가 B보다 크고, B가 C보다 크면 A는 C보다 크다." 이러한 기본 추론 능력은 독서를 통해 복잡한 이야기 구조를 접하며 자연스럽게 향상된다.

3. 실생활 문제 해결에 도움

수학은 실생활 문제를 다루는 학문이기도 하다. 독서를 통해 접하는 다양한 상황은 학생들에게 실생활 문제에 대한 이해와 적용 능력을 키워준다.

예를 들어, 동화나 소설 속 주인공이 하루 용돈을 계산하는 장면을 접했다면, 학생은 금액과 숫자에 대한 감각을 키울 수 있다. 이러한 맥락을 이해하는 훈련은 수학 문제에 접근하는 데 유용하다.

4. 수학적 개념과 언어의 연결 고리 제공

수학 용어와 개념은 언어적으로 표현되므로, 문해력이 부족하면 수학 개념 자체를 이해하는 데 어려움을 겪는다. 독서는 학생들이 새로운 단어와 표현을 배우고, 이를 수학 개념과 연결 짓는 데 도움을 준다.

예를 들어, '비례', '평균', '속력'과 같은 수학적 개념은 국어적 이해와 연결된다. 독서를 통해 이 단어들을 다양한 맥락에서 접하면, 수학 개념을 이해하기도 쉬워지기 때문이다.

5. 문제 해결에 필요한 창의력 증진

수학은 창의적인 문제 해결을 요구하는 과목이다. 독서는 학생들에게 다양한 시각을 제공한다. 여러 시점을 이해하고 상상력을 발휘해 문제에 접근하게 된다.

예를 들어 "삼각형을 활용해 주변 사물의 면적을 구해보세요." 이러한 문제는 창의적 사고를 요구하며, 독서를 통해 경험한 다양한 사례와 상상력이 문제 해결에 도움을 준다.

독서는 단순히 언어 능력을 키우는 활동을 넘어, 수학 문제를 이해하고 해결하는 데 필요한 전반적인 사고력을 발달시키는 중요한 도구임이 틀림없다. 특히, 꾸준히 읽는 습관을 들이면 학생들의 수학 성취도는 자연스럽게 높아질 가능성이 크다.

문해력 향상은 수학 성적과 밀접한 관련이 있다

문해력은 글을 읽고 핵심을 파악하는 능력을 의미한다. 수학에서 문해력이 중요한 이유는 문제를 정확히 읽고 의미를 이해해야만 올바른 풀이를 할 수 있기 때문이다. 문해력이 뛰어난 학생은 문제의 요구 사항을 명확히 파악해 풀이 방향을 잡을 수 있다.

수학적 사고력을 키우기 위해 독서할 때는 단순히 소설을 읽는 것보다 문제 해결과 연관된 내용을 선택하는 것이 좋다. 다음은 수학적 사고력 향상에 도움이 되는 추천 도서 목록이다.

1.《미래가 온다 시리즈》와이즈만북스 : 미래 사회에 요구되는 수학적 사고와 문제 해결 능력을 키우기 위해 아이들이 자연스럽게 수학에 대한 흥미와 자신감을 키울 수 있는 책
2.《어린이 수학 도감》다락원 : 수학 기초부터 개념 설명을 간결한 글과 재미있는 만화로 표현한 초등 수학 도감 책
3.《초등 수학 필독서 45》센시오 : 실생활에서 수학이 어떻게 필요한 지, 수학의 길잡이가 되는 책

아이의 학년과 도서 레벨에 맞는 책을 하루에 30분, 한 달에 1~2권씩 읽기로 목표를 세운다. 또한, 독서를 통해 다양한 질문을 스스로 만들고 답을 찾아보는 활동도 사고력을 강화하는 데 효과적이다. 독서하면서 이야기나 정보를 활용해 수학 문제를 만들어 본다.

구체적 사례를 보면 다음과 같다. 동화《빨간 모자의 모험》을 읽고, "빨간 모자가 숲을 30분 동안 걸었다고 한다. 빨간 모자의 속도가 $3km/h$라면 몇 km를 걸었을까요?" 같은 책에서 만난 상황과 숫자를 활용해 자녀가 직접 문제를 만들어 보도록 지도해 본다.

책 속 내용을 기반으로 수학적 사고력을 키우는 다양한 활동을 할수 있다. 숫자 찾기 게임, 확률 맞추기 게임, 장바구니 예산을 세우고 예산 지출 계산하기, 10% 할인된 가격을 계산해 보기 등 책을 통해할 수 있는 다양한 활동이 있다.

독서 후 부모와 함께 실천하는 시간을 가져 보는 것도 추천한다.

독서 내용을 바탕으로 아이와 토론하며 수학적 사고를 자극한다. 수학 문제 만들기 대회도 좋다.

수학 실력을 향상하는 학습법은 기본이 되는 방법이다. 문제 풀이 전에 문제를 꼼꼼히 읽고 핵심 키워드를 찾아본다. 문제의 맥락을 이해하기 위해 가상의 이야기를 만들어 보며 시각화한다. 서술형 풀이 과정을 먼저 설명한 후 글로 작성한다. 글을 작성함으로써 독해와 표현력을 동시에 키울 수 있다.

독서와 문해력은 단순히 국어 공부에만 필요한 것이 아니다. 독서는 수학 학습에서도 강력한 도구로 작용한다. 독서를 통해 사고력을 키우고 문해력을 강화하면 우리 아이의 수학 실력이 자연스럽게 향상될 수밖에 없다. 지금, 이 글을 읽고 있는 학부모인 독자들은 아이들과 함께 독서 시간을 가지며 학습 동기를 북돋아 주는 것도 좋은 방법이다. 자녀의 학습 효과를 높이기 위한 꾸준한 관심과 지원이 필요하다.

독서는 단순히 언어 능력을 키우는 활동을 넘어 수학 문제를 이해하고 해결하는 데 필요한 사고력을 발달시키는 중요한 도구임이 틀림없기 때문이다.

"남의 책을 많이 읽어라.
남이 고생해서 얻은 지식을 아주 쉽게 내 것으로
만들 수 있고, 그것을 통해 발전할 수 있다."

— 소크라테스

5장.

돈 주고도
못 배우는
감성 예술 교육

놀이를 통한
삶의 감각 키우기

놀이를 통해 미래를 그려보는 아이들

'물아일체'

가끔 놀이터 벤치에서 아이들이 뛰어노는 모습을 볼 때면 자연스레 떠오르는 말이다. 아이들의 얼굴은 천재적인 피아니스트처럼 무언가에 몰입한 모습이다. 눈앞에서 칼싸움하는 아이는 이순신이 되어 나라를 구하고 있다. 청진기를 가지고 의사 놀이하는 아이는 환자를 어떻게 치료할지 일생일대의 고민 중이다. 그 옆에서 소꿉놀이하는 아이는 지금 새로운 조리법을 개발하는 미슐랭 레스토랑의 요리사이다.

이런 말을 들은 적이 있다. "에디슨은 하루도 일한 적이 없다." 이

말의 의미는 그는 자신이 했던 일을 놀이로 여겼다는 것. 하긴, 일이었다면 수천 번 넘도록 시도하고 실패할 수 있었을까?

그런데 이런 놀이도 항상 즐겁기만 한 것은 아니다. 랭핏에서 즐겁게 뛰어노는 아이들을 보면 그 안에는 사실 모든 희노애락이 담겨 있다. 놀다 보면 노여움과 아쉬움이 부지불식간에 몰려온다. 잘 나가다가 갑자기 미궁에 빠지는 아이도 있고, 열심히 하고도 막판에 한 가지 실수로 눈물을 흘리는 아이도 있다. 또 게임을 하다 팀원 사이에서 갈등이 일어날 때도 있고, 막판 승리의 순간 남에게 빼앗겨 상실의 아픔을 느끼는 경우도 있다. 그러고 보면 놀이는 인생과 닮았다. 다만 그 어떤 인생의 실패보다 놀이에서의 실패는 안전하다. 놀이 안에는 그것을 극복할 수 있는 시스템이 작동하기 때문이다.

잠깐 군대 이야기를 해보자. 누군가는 군대를 시간 낭비라고 하고, 인생의 퇴보라고 말한다. 하지만 나는 군대를 인생에서 아주 중요한 기회라고 생각한다. 우리 사회는 여러 계층의 사람들이 모여있다. 폐지 리어카를 끌고 가는 할아버지 옆으로 외제 차를 타고 가는 할아버지가 지나간다. 밍크코트를 입은 사모님도 재래시장에서 또래 할머니에게 생선을 산다. 이렇게 우리 사회에는 여러 계층이 공존하지만, 생각보다 이들 간에 진정한 교류는 드물다. 각자의 사회적, 경제적 위치가 우리가 어떻게 서로를 대하고 어울리는지에 큰 영향을 미친다.

하지만 군대는 어떤가? 타고난 수저의 색깔을 버리고, 개인의 배경과 학력을 무시한 채 모든 사람이 어우러진다. 그리고 계급은 굉장히 공평한 순서로 등급이 매겨진다. 다 똑같은 출발 선상을 두고 공정한 룰 안에서 각기 다른 계층의 또래들과 집단생활을 하게 된다. 그런 점에서 나는 군대가 인생의 좋은 기회라고 생각한다. 고통스러울지는 몰라도 인생의 지평이 넓어지는 기회란 말이다.

그런 점에서 놀이는 군대처럼 굉장히 공평하다. 그 공평함 속에서 아이는 사회성을 키울 수 있다. 사회나 군대에서처럼 다양한 구성원과 어울리다 보면 문제가 발생할 수도 있는데, 놀이에서는 자연스럽게 그것을 수습하고 해결한다. 더 즐겁고 새로운 놀이를 위해 아이디어를 내게 되고 그 속에서 창의력이 발휘된다. 또 하나의 목표를 이뤄내기 위해 서로 다른 역할을 담당하면서 '협업' 능력을 배양할 수 있다. 물론 목표를 달성하지 못할 때도 있겠지만 그 과정을 통해 아이들은 팀워크를 배운다.

놀이는 인생의 예방주사다

놀이는 인생의 예방주사다. 잘 놀지 못하면서 성장한 아이들은 우선 다양한 사람들과 조화롭게 어울릴 수 있는 역량이 부족하다. 어떤 문제가 발생했을 때 그 문제를 해결하지 못하는 데서 절망감을 느끼며, 그 절망감에서 빠져나오는 순간까지 어려움을 느낀다. 잘 노는 아이가 잘 놀 줄 모르는 아이보다 조직에서 환영받는 것은 어찌 보면 당연한 일이다. 그래서 나는 아이들에게 놀이는 단순히 즐겁고 건강해지는 활동이 아닌 더 큰 세상으로 나가기 전에 맞아야 하는 인생의 예방주사라고 생각한다. 넓고 거친 사회에 발을 내딛기 전, 인생의 축소판인 놀이를 통해 미리 경험하고 연습해 보는 것이다.

미취학 아동 70%가 사교육에 노출되어 있다. 아무래도 사교육은 성과를 내야하고 성과의 중심에는 학습이 있다. 자연스레 아이는 놀이 시간을 도둑맞는다. '누구에 의해서' 도둑맞는지 굳이 이 글에서 밝히지 않겠다.

영아기 0~2세와 유아기 3~5세 뇌 발달 과정을 살펴보면, 학습과 아이들은 상극이라는 사실을 금방 알게 된다. 영아기는 다양한 자극을 통해 자유롭게 탐색하고 활동할 수 있는 환경을 만들어 오감 발달을 촉진 해주는 것이 가장 중요하다. 유아기는 창의력, 문제 해결력, 판단력 조절 능력 집중력 기능을 담당하는 전두엽의 발달이 활발하게 이루어지는 시기이므로 감정과 본능에 충실할 수 있는 환경을 만들어줘서 전두엽이 치밀하게 발달하도록 해줘야 한다.

그런데 학습은 정서적으로나 물리적으로 이런 환경을 제공해 주지 못한다. 뇌 발달 과정을 거스를 뿐만 아니라 아직 준비되지 않은 아이들에게 스트레스와 좌절감을 안겨 뇌의 잠재성을 떨어뜨리는 악수가 되고 만다.

아이들이 노는 것은 그냥 노는 것이 아니다. 아이들은 놀면서 인생을 '선행학습'한다. 아이들은 100년을 크는 나무로 자라기 위해

뿌리를 만드는 중이다. 나무뿌리가 튼튼해야 몸집을 키우고 열매를 맺을 수 있듯이 아이들도 놀이를 통해 단련되어야 성장할 수 있다.

놀이가 진짜 학습이다!

미술, 말과 글이 아닌
또 하나의 표현 방법

건강하게 감정을 드러내는 최고의 도구, 미술

미술 학원에서는 눈은 도화지를 향해 있고, 손은 충실하게 그림을 그리고 있다면 적당한 대화가 가능하다. 그 덕에 아이들의 다양한 이야기를 들을 수 있는 곳이 미술학원이다.

"선생님 오늘 상 받았어요!"
"저 오늘 엄마 아빠랑 캠핑 가요!"

이렇게 기분 좋고 즐거운 이야기부터,

"선생님, 학교에서 어떤 친구가 치고 가서 물병을 떨어뜨렸어요."
"제 짝꿍이 저한테 못생겼다고 놀렸어요."

이러한 아이의 속상한 이야기,

"제가 거짓말해서 엄마한테 휴대폰을 뺏겼어요."
"어제 엄마 아빠가 싸웠어요."

자신이 느꼈을 불편함과 두려움에 관한 이야기까지. 아이들과 대화하면 의도치 않게 아이에게 일어난 다양한 사건들을 알게 된다. 동시에 아이들의 그러한 기분은 그림에 고스란히 담긴다. 즐거운 이야기를 나눌 땐 화사한 노란 꽃이 피어나고, 속상할 땐 구름이 회색이 되기도 한다. 칭찬을 받은 날엔 작고 귀여운 동물들이 도화지 위에서 뛰어다니고, 슬픈 날은 그림 속 집의 창문이 꼭꼭 닫혀 있기도 한다. 속상한 마음을 꾹꾹 눌러 그림을 그리다 보면 회색 구름 옆에 흰 구름이 생기기도 하고, 꼭 닫혀 있던 창문 옆에 활짝 웃는 사람이 나타나기도 한다. 그림을 그리며 몰입하다 보면 내 감정을 스스로 되뇌지 않아도 스스륵 풀어지고, 해소되기도 한다.

아이들은 미술 활동 안에서 부정적 감정을 부드럽고 자연스럽게 해소하고 다루어 내는 경험을 하게 된다. 어린아이들은 분노, 슬픔 또는 좌절 같은 감정을 표현할 단어를 잘 찾아내지 못해 울어버리거나 소리를 지르는 행동으로 표현하기도 한다. 이러한 감정을 미술작품으로 표현할 수 있다. 그림을 그리거나, 칠하거나, 심지어 낙서하는 행위는 부정적 감정을 통해 쌓인 긴장을 해소하여 부정적 행동으로 표출되지 않도록 큰 도움을 줄 수 있다.

미술은 말로 표현할 수 없을 때 소통을 위한 다리 역할을 한다. 아이들은 종종 말로 설명하는 것보다 '보여주는' 것이 더 쉽다고 생각한다. 특히 어린아이들이나 언어 장애가 있는 아이들에게 이런 경향이 더 많이 나타나며 그밖에 ADHD나 발달장애, 자폐 스펙트럼 장애가 있는 아이들에게 내면의 감정을 표현하는 좋은 창구 기능을 하기도 한다.

미술로 작가 데뷔와 동시에 사업을 하게 된 아이

나는 30년 차 미술 선생님이기도 하지만 특수교육대학원에서 심리치료를 전공한 심리학 석사이기도 하다. 장애에 관한 공부를 병행한 덕분에 장애가 있는 친구들도 수업에 방해가 되는 행동 특징만 없다면 수업에 함께 참여하고 있다. 처음엔 많은 사람이 가능하냐고 물어본다. 장애 아이들의 부모조차도 자신의 아이가 수업에 참여할 수 있을지 확신하지 못한다. 첫 수업에 오는 날은 어김없이 괜히 선생님만 고생시켜 드리는 것 아니냐며 오히려 원장인 나를 걱정해 주기도 한다.

그러나 이 친구들 역시 각자의 세계에 몰입하여 다양한 세상을 그려내고 있다. 그림을 그리는 순간만큼은 입은 꼭 다물고 그 누구보다 진지한 눈빛으로 그림 속 세상을 여행한다. 자신이 할 수 있는 최대치의 몰입을 하며 스트레스를 해소하게 되는 과정이다.

발달장애가 있는 제자 중 고등학생이 되면서 본인이 그려낸 그림으로 엽서와 스티커 등의 굿즈를 판매하기 시작한 아이가 있다. 어엿한 작가이자 동시에 사업가가 되었다. 동물 그림을 좋아하는 이 아이는 동물 그림 전문가이다. 어찌나 다양한 포즈와 표정을 가진 재미있는 동물들을 그려내는지 나도 그 매력에 푹 빠져버린 팬 중 한 명이다. 수익 창출을 할 수 있도록 방법을 알아보고, 관리하는 역할은 교사와 부모가 담당하지만, 새로운 역사를 써 내려가는 아이가 그저 기특할 뿐이다.

특수아동 부모들은 특히나 아이의 미래에 대해 불안감을 많이 가지고 있다. 받아주는 학원이 없어 학원은 꿈도 못 꿔봤다고 눈물을 글썽이는 분들도 많이 만났다. 이 아이가 보여준 모습이 많은 사람에게 희망의 메시지가 될 듯하여 벅찬 보람을 느낀다.

모든 아이가 자신의 감정을 제대로 표현하고, 그 감정을 잘 다스려 내고, 이후 건강한 자아를 발전시키는 과정은 정말 중요하다. 많은 사람이 마음의 감기로 힘들어 하고 있는 요즘 세상에는 더욱 중요하다. 아이들 스스로 건강하게 돌보며 치유하는 방법이 미술에 담겨 있다.

미래 사회 창작자로
살아남기

엄마가 미술학원 끊으래요

"엄마가 공부해야 한다고 이제 미술학원 끊으래요."

아이들이 슬슬 이야기하기 시작한다. 선생님 덜 속상하게 하려는 배려처럼 서운한 티를 풀풀 풍기며 이런 이야기가 아이 입에서 나오기 시작하면 어김없이 "공부할 때가 돼서 그만두려고요."라는 부모님의 연락을 받는다.

아이와 이별한다는 속상함과, 이 귀한 재능을 알아보지 못한 부모님께도 그 안타까움은 이어진다. 선생님 눈에도 확연하게 보일 정도로 훌륭한 재능을 가진 아이가 날갯짓을 하기도 전에 꺾여 버리다니. 언젠가 이 아이가 이 순간을 아쉬워하는 날이 오게 될까 안타까운 마음이 들기도 한다.

"한국 부모들은 잘하는 걸 더 잘하게 돕는 것이 아니라, 못하는 걸 중간 정도 가도록 만드는 교육에 빠져 있다"라는 내용의 칼럼을 보며 크게 공감한 적이 있다.

"이제 미술은 잘하니까 그 정도 했으면 됐고, 못하는 것도 좀 해보자!"

실제로 아이들은 이런 이야기를 들으며 엄마도 인정한 '잘하는 것'을 포기한다. 못하는 걸 중간은 가는 아이로 만들기 위해 잘하는 걸 포기하는 현실이라니… 교육의 현장에 있다 보면 이런 아이러니가 없다. 그렇게 아이들은 '특별히 잘하는 게 없는 아이'로 점점 변해간다.

이런 아이들은 몇 년 후 진로를 선택해야 하는 청소년기로 성장한다. 학교에서는 진로를 정하라고 하고, 아이들은 이쯤 되면 아무런 생각이 없다. 실제로 중·고등학생들과 수업하는 현장에서도 아무 생각이 없는 것이 고민이라는 '고민 없는 고민 상담'을 하고 있다.

우리 아이들이 왜 이렇게 된 걸까? '중간쯤 가는 아이로 만들기'의 결과는 아닐까? 해봐야 중간밖에 안 되는 스스로에 대한 신뢰를 뚝뚝 떨어뜨려 버린 건 아닐까? 아이들이 어릴 적 잘하는 것을 더욱 발전시켜 주는 건, 여러모로 가장 값지고 실속 있는 투자이다. 이 시기는 진정으로 즐기고, 행복할 수 있는 나이이며 모든 교육을 오감으로 체득할 수 있는 황금 같은 시기이기 때문이다.

AI 시대와 창작, 그리고 우리 아이들

물론 "미술 해서 뭐 해 먹고 살래?"라는 말로 미술은 취미에서 끝내라는 암묵적 강요가 있던 시절이 있었다. 그러나 지금은 AI와 경쟁하는 너무나 달라져 버린 세상에 살고 있다. AI가 많은 일을 대체함에 따라 사춘기에 접어든 제자들이 불안감을 느끼고 있지만, 20년 동안 미술계의 변화를 지켜본 경험으로 '미술로 어떻게 먹고 살까?'라는 고민은 이미 과거의 이야기라는 것을 체감하고 있다. 많은 직업이 없어진다고 하지만 '창작'은 오히려 이 경쟁에서 더욱 빛이 나고 있다. AI가 써내는 글, AI가 그려내는 그림은 특별히 잘못된 부분은 없지만 매력 또한 떨어진다.

코로나19 이후 AI가 급속도로 발전하면서 AI가 그린 그림까지 사람들의 관심이 집중된 적이 있었다. 최대 입찰가를 듣고 놀라는 사람들도 많았고, AI의 위대함을 칭송하는 사람들도 많았다. 이제 내가 그림 실력이 없더라도 AI로 그려낸 그림으로 돈을 벌 수 있다는 동영상들이 쏟아져 나오기도 하던 시기였다. 그러나 요즘은 AI로 그린 그림을 거래한다는 사람은 찾아보기 어렵다. 호기심에서 상승하던 가격은 금방 시들해졌다.

AI가 예술을 대체하지 못한 가장 큰 이유는 예술의 태생은 '영감'과 '감정'이기 때문이다. 우리는 예술 작품을 감상하며 그 작품의 주인인 작가에 대한 궁금증을 가지게 된다. 작품 속에서 그의 성격과 삶이 느껴지고, 그 시대상도 엿볼 수 있다. 작가가 살아온 인생의 스토리텔링은 예술 작품을 수백억씩 주며 구입하는 컬렉터에게 그 돈을 지불하는 이유가 된다. 이런 이유로 '창작'은 인간만이 온전하게 해낼 수 있고, 인간만이 그 가치를 충분하게 인정받을 수 있다.

그리고 우리는 더 이상 '필요한 것'을 구입하지 않는다. 매주 내가 구독하는 웹툰 연재일을 기다리고, 나의 취향을 자극하는 귀여운 굿즈들을 모으며, 톡톡 튀는 이모티콘을 구입해 나의 현재 감정을 표현한다. 세상은 더 이상 '필요한 것' 이 아닌 '좋아하는 것'을 구매하는 시대로 바뀌었다.

'개취(개인의 취향)'라는 단어를 모르는 사람은 없다. 그만큼 개개인의 취향이 대우받고 있고, 그런 취향들을 만족시켜 줄 다양한 창작물들이 필요한 시대라는 이야기이기도 하다. 이런 시대에 '창작'이라는 재능은 '뭐 먹고 살지'라는 걱정이 필요 없는 보석 같은 재능이 되었다.

이 재능을 제대로 갈고 닦으며 확장시켜 주고자, 아르코에서는 창작활동을 위한 다양한 프로그램을 지원하고 있다. 유치부와 초등 저학년의 학생들은 평면과 입체를 혼합하여 다양한 재료와 오브제를 사용하고 기본적인 드로잉 능력을 함께 키우는 수업을 진행한다.

초등 고학년부터 중고등학생까지는 미술 진로 로드맵을 구성하여 수채화, 드로잉. 색연필화, 아크릴화 등의 '회화' 수업과 웹툰, 이모티콘, 캐릭터, 게임 원화 등의 '디지털 드로잉'을 각 전문 선생님과 함께 진행한다. 여기에서 진로를 결정한 학생들은 예술고 입시, 서양화 입시, 디지털드로잉 관련 포트폴리오 입시까지 준비할 수 있으며 더 나아가 이모티콘 작가, 웹툰 작가, 회화 작가 등 작가 데뷔도 가능하도록 프로그램을 확장해 나가고 있다.

연령에 맞고, 성향에 맞고, 목표에 맞는 교육프로그램들로 본인의 재능을 제대로 발산할 수 있는 창작자는 지금도 우리 주변에서 무럭무럭 성장하고 있다.

문학을 통한
정서적 발달

문학은 감정의 연습장이다

아이들이 읽는 책은 대부분 그림책 또는 동화책이다. 이런 책들은 일종의 이야기이자 문학으로 볼 수 있다. 이번 글에서는 문학 자체가 아이들에게 어떤 영향을 주는지 살펴보자.

일단, 문학이 우리에게 주는 가장 큰 선물은 '감정의 연습'이다. 아이들은 문학을 통해 다양한 감정을 미리 경험한다. 직접 겪지 않아도 책 속에서 감정을 연습할 수 있는 것이다. 한 연구에 따르면, 문학을 많이 읽은 아이들은 감정을 이해하는 능력이 높아진다. 주인공과 함께 기뻐하고 슬퍼하면서 공감 능력이 자연스럽게 발달하기 때문이다.

예를 들어, 앤서니 브라운의 《돼지책》를 읽으며 아이들은 엄마 입장에서 가족을 바라본다. 《마당을 나온 암탉》을 읽으며 아이들은 용기와 자기 발견을 경험할 수 있다. 이런 이야기들은 감정을 표현하는 언어와 기회를 제공하고, 아이들이 자신의 감정을 더 명확하게 이해할 수 있도록 도와준다.

아이들은 아직 자신의 감정을 정확하게 표현하는 방법을 모른다. 그래서 때때로 감정을 조절하지 못해 울거나 화를 내기도 한다. 이런 아이들에게 문학은 감정을 정리할 수 있게 도와주는 좋은 도구가 된다.

심리학에서는 이를 '간접경험vicarious experience'이라고 한다. 이는 타인의 감정을 관찰하면서 자신의 감정을 조절하는 능력을 키우는 과정이다. 실제로 캐나다 토론토 대학의 연구에 따르면, 문학을 읽고 등장인물의 감정에 몰입한 아이들은 스트레스 반응이 낮아지고, 자기 조절 능력이 향상된다고 한다.

문학이 주는 또 하나의 장점은 '공유'다. 아이들은 책을 읽으며 자신의 감정을 자연스럽게 표현한다. 부모나 교사와 함께 책을 읽고 이야기를 나누면, 아이는 감정을 더 깊이 이해하고 조절하는 법을 배우게 된다.

미국 하버드대 교육대학원에서는 부모가 아이와 함께 책을 읽고 감정을 공유하는 것이 정서 발달에 미치는 영향을 연구했다. 연구 결과, 부모와 함께 책을 읽고 이야기를 자주 나눈 아이들은 감정 표현이 원활하고, 타인의 감정을 이해하는 능력이 뛰어난 것으로 나타났다.

　문학을 통한 정서 발달은 아이가 더 넓은 세상을 이해하고, 더 깊은 감정을 느낄 수 있도록 돕는다. 감정을 연습한 아이일수록 공감력이 높고, 자신을 표현하는 능력이 뛰어나다. 또한, 문학은 단순한 읽기 활동이 아니라, 아이가 자신의 감정을 이해하고 조절하는 능력을 키우는 중요한 과정이다. 잘 노는 아이가 사회성이 뛰어나듯, 책을 읽으며 감정을 연습한 아이는 건강한 인간관계를 맺을 가능성이 높다고 볼 수 있다.

문학이 인지능력에 미치는 영향

　문학은 정서적인 부분뿐만 아니라 학습과 인지적인 영역에서도 큰 도움을 준다. 단순하게 생각해도, 문학을 읽는 것은 언어 능력을 크게 향상시킨다. 다양한 문장을 접하면서 어휘력이 향상되고, 문장 구조를 자연스럽게 습득할 수 있기 때문이다. 이는 아이들에게 읽기뿐만 아니라 쓰기와 말하기 능력에도 영향을 미친다.

　또한, 문학은 아이들의 사고력을 확장한다. 이야기를 읽으면서 논리적으로 사건의 흐름을 추적하고, 등장인물의 심리를 분석하며, 인과관계를 이해하는 과정이 반복되기 때문이다. 이는 추론 능력을 키우고, 나아가 수학적 사고력과 문제 해결 능력에도 긍정적인 영향을 미친다.

인지 교육적인 측면에서도 선진국에서는 문학 교육을 놓지 않는다. 미국의 경우, '자아에 대한 깊은 인식'을 가능하게 하는 것을 목표로 문학을 가르친다.[3] 최근 핀란드에서는 디지털 교육 확대에 대응하여 문학 수업 시간을 늘리는 등 문해력 교육의 중요성을 오히려 강조하고 있다.[4]

문학은 아이들의 정서 발달은 물론 학습 능력과 사고력까지 향상시키는 중요한 역할을 한다. 결국, 책을 읽는다는 것은 단순히 정보를 습득하는 것이 아니라, 감정을 배우고, 사고력을 키우고, 더 나은 인간이 되는 과정이다.

아이들의 학습이 인간의 감정을 배우고, 사고력을 기르는 일이라고 정의한다면 문학만큼 쉽고 빠르게, 그리고 실제적인 방법으로 익힐 수 있는 학습법이 또 있을까? 디지털 그리고 AI 시대, 문학의 중요성이 경시되는 만큼 아이들의 학습이 퇴행의 길을 걷고 있는지도 모르겠다.

---

3   www.arko.or.kr/zine/artspaper2003_04/039.pdf
4   www.jssimin.org/news/articleView.html?idxno=1846

"좋은 책들을 읽는 것은 지난 수세기 동안
가장 훌륭한 사람들과 대화하는 것과 같습니다."

— 르네 데카르트

3부

공부를 넘어서는
삶의 지혜

6장.

공부를
넘어서는
삶의 가치

아이들은
숲에서 배운다

우리나라의 숲 유치원

현대인은 숲에 대한 로망이 있다. 대부분 아파트 생활을 하는 우리나라의 경우도 마찬가지다. 사는 곳 근처에 숲 유치원이 있다면 학부모들은 큰 관심을 보인다. 숲 유치원은 1990년대 스웨덴, 덴마크, 독일 세 국가에서 확산되었다. 자연과의 밀접한 연결을 통해 아동의 전인적 발달을 촉진하는 교육 모델이다.

나라를 막론하고 숲 유치원의 공통점이 있다. 자연에서의 놀이, 자기 주도적 학습과 독립성, 사회적 정서적 발달, 자연을 통한 탐구 등을 꼽을 수 있다. 인간과 자연과의 이런 상호작용적, 상호의존적인 관점은 많은 이들에게 영감을 주었다.

떠오르는 인물 몇 명을 꼽자면, 인간과 자연과의 관계를 중시한 과학자 찰스 다윈은 숲을 인간과 자연 상호작용의 중심으로 봤다. 소설가 레오 톨스토이는 숲과 자연에 대한 깊은 사랑과 존경을 작품 곳곳에 표현하곤 했다. 특히 그의 소설《안나 카레니나》에서 숲은 아주 중요한 역할을 한다. 침팬지 연구로 유명한 동물학자 제인 구달은 어떤가? 그녀의 연구는 탄자니아의 고릴라 숲에서 시작되었다. 그녀는 숲을 인간이 자연과의 관계를 회복하고 영적, 정신적 성장을 도울 수 있는 장소라고 보았다.

한국의 숲 유치원도 유럽과 유사하다. 다만 한국은 사계절이 뚜렷하기에 계절 변화를 직접 경험하면서 기후 변화, 식물의 성장 주기, 동물의 행동 등을 추가로 자연스럽게 배울 수 있다. 숲 환경이기에 자연 탐험, 자연 재료를 이용한 예술 활동, 모험 놀이, 감각 놀이 같은 다양한 활동으로 이어진다. 이런 활동을 통해 자기 주도성 강화, 신체적 발달 촉진, 사회성 발달, 정서적 안정, 창의적인 문제 해결 능력 배양 등을 기대할 수 있다.

그럼에도 불구하고, 숲 유치원

그런데 주요한 교육 시스템으로 자리 잡은 유럽과 달리 한국형 숲 유치원의 단점도 한번 짚고 넘어갈 필요가 있다. 한국은 날씨의 어려움이 있다. 적당한 비와 눈을 맞을 수 있으나 강한 바람으로 인한 악천후는 제약이 있다. 야외에서의 안전사고, 자연 속의 위험 요소도 신경 쓰인다. 종종 생기는 아이들의 팔다리 상처는 너무 마음 아프다. 또 자연을 최대한 활용하기에 안전하고 편안한 실내 공간이 부족할 수 있다. 교육 커리큘럼의 한계도 있다. 운영 비용과 예산의 문제도 빠짐없이 등장한다. 안전 장비, 시설 유지비 등 큰 비용이 요구되어 영어 유치부만큼 비싸다.

전문성을 갖춘 교사의 부족도 빼놓을 수 없는 부분이다. 숲 유치원에서의 교육은 자연환경을 활용하기 때문에 교사의 전문적인 지식과 경험이 필요하다. 또한 안전 관리와 위기 대응 능력도 갖추어야 하고 정기적인 훈련도 필요하다.

그럼에도 불구하고, 어릴 때부터 자연과 동화되고 그곳에서 생존법을 배워야 한다고 믿는다. 지방에서 숲 유치원을 운영한 원장님의 말씀이 생각난다. "우리 아이들은 한글을 모르고 초등학교에 입학하기도 해요. 유치원에서 가르치지 않거든요. 그래도 학년이 올라갈수록 더욱 잘한다고 하네요." 아마 자연에서 문제 해결 능력을 터득했기 때문이 아닐까.

숲 유치원의 장점은 잘 알지만 지속하기는 어렵다. 대신 텃밭을 성공적으로 운영하는 것만으로 만족한다. 신기하게도 아이들은 계속 거부하던 상추, 방울토마토를 직접 길렀다는 이유로 먹는 경우가 꽤 있다. 한국에서도 숲 유치원이 제도 안에서 보호받으며 주요한 교육 시스템으로 자리 잡는 날이 오길 기대한다.

작은 성공 경험이
가져오는 큰 변화

처음부터 크게 성공하는 사람은 없다

내가 운영하는 미술 학원에는 다양한 활동을 한다. 혼자 고민하고 상상하며 작품을 완성해 내는 수업도 있지만, 짝을 이뤄 함께하는 협업수업, 많은 인원이 다 함께 거대한 작품을 완성하는 단체수업까지 수업 참여의 모양이 다양하다.

이런 수업들은 다양한 상호작용을 유발한다. 수업에 임하는 태도와 사용하는 언어, 도구들을 대하는 자세와 수업의 몰입 정도, 타인에 대한 예의와 선생님과의 소통 방법 등등. 선생님은 모든 수업의 과정에서 아이들의 성향뿐 아니라 다양하고 구체적인 행동 특성을 파악하게 된다.

다양한 수업을 하다 보면, 종종 내가 '열정맨'이라 이름을 붙여주는 아이들이 나타난다. '끈기와 노력과 에너지를 두루 갖춘 성실하고 활기찬 아이'가 그 기준이다. 지친 선생님도 벌떡 일어나게 만드는 무지막지한 에너지의 열정맨들은 선생님의 엔도르핀을 마구 높이고 본인들도 그 시간을 완전하게 즐긴다.

열정맨의 자질을 갖춘 아이들은 그 가공할 열정을 그림에 몰입하며 쏟아붓는다. 수업을 마칠 때가 되면 늘 아쉬운 볼멘소리를 한다. "시간이 너무 빨리 지나갔어요."라며 기분 좋은 멘트를 던지기도 한다.

이 아이들은 시작에 두려움이 없다는 특징을 가지고 있다. 처음 사용하는 재료에는 두려움보다는 호기심으로 흥미를 내비치고, 새로운 주제가 주어지면 즐거운 상상력을 발휘하며 재미있는 질문들을 쏟아낸다. 어떤 날은 좀처럼 내 마음에 들지 않는 완성작이 되더라도, 아쉽긴 하지만 다음에 더 잘하면 된다며 자기 작품을 정성스레 보관한다.

그렇다면 '열정맨' 아이들은 어떻게 탄생하는 걸까? 오랜 시간 이러한 아이들을 관찰한 결과, 나는 한 가지 결론을 내렸다. 이 아이들에게는 작지만, 아주 많은 '성공 경험'이 있다는 것을.

성공 경험에서 가장 중요한 두 가지 키워드는 '스스로' 그리고 '성취감'이다. 아이는 가정에서부터 스스로 숟가락으로 밥을 떠먹고, 칫솔질을 하고, 신발을 신으며 규칙을 습득해 나간다. 여기에서 행하는 모든 것을 '스스로' 시도하고 성공했을 때 '성취감'을 맛보는 과정이다. 이러한 과정이 아이가 스스럼없이 새로운 것을 시도하고, 생각과 다른 결과가 나오더라도 좌절하지 않게 하는 근본적인 힘이 되어주는 것이다.

반대로 뭘 해도 의욕이 없거나 "저는 그거 안 해봤는데요." 또는 "망했어요."라는 말을 밥 먹듯 달고 사는 아이도 있다. 이 아이들은 매사가 부정적이고 뒤로 빠져 있으면서 투덜거리고, 늘 억울한 게 많다는 공통점이 있다. 마음대로 되지 않으면 울음부터 터트려 주변 친구들을 당황시켜 수업에 지장이 생기고, 아이들 사이에서 '민폐쟁이' 캐릭터가 되어 친구들과의 사이도 서서히 멀어지게 된다.

안타깝게도 이런 아이들은 스스로 해본 적이 거의 없어서 성취감 또한 경험하지 못한 경우가 많다. 어느 순간 또래 친구들이 모두 다 스스로 해내는 행동들을 혼자만 제대로 해내지 못한다는 걸 느끼게 되면 아이는 더욱 좌절하게 된다.

요즘엔 이런 아이들이 더욱 늘어나는 것 같다. 한 가정에 아이가 한 명인 경우는 이미 옛말이고 그 집안 삼대를 통틀어 아이가 한 명인 경우도 흔히 찾아볼 수 있다. 핵가족은 지나간 지 오래고 지금은 '커스터마이징 베이비[5]'라고 부르기까지 한다. 그 아이 한 명에게 온

---

5 '커스터마이징 베이비'는 주로 아이 하나에게 부모나 양육자가 지나치게 맞춤형 관심과 케어를 제공하는 양육 방식을 말한다. 이 용어는 제품을 사용자의 필요나 취향에 따라 개별적으로 맞춤 설정하는 과정에서 유래한 것으로, 여기서는 아이가 마치 하나의 제품처럼 부모의 희망 사항에 따라 '조정'되고 '설계' 될 수 있다는 뉘앙스를 담고 있다.

어른이 매달려 필요한 것을 가져다 바치는 상황이 반복되니 아이의 손과 발은 의도치 않게 묶여 버리게 된다. 이런 상황의 지속이 '스스로' 해내는 것을 어렵게 만들고, '성취감'을 모르는 아이로 성장하게 만들어 버린다.

우리는 아이를 한 명의 성인으로 성장시켜 독립시키기 위해 양육하고 교육한다. 아이의 손과 발이 되어 모든 것을 해주는 어른들의 사랑은 잘못된 사랑은 아닐까. 결국 아이를 '독립하지 못한 아이 같은 어른'으로 성장시키게 될지도 모르니까 말이다.

우리 아이에게 성공 경험부터 가르치는 방법

나는 이런 아이들에게 작은 '성공 경험'부터 가르치고 있다. 예를 들면 아래와 같다.

- 학원에 도착하면 앞치마부터 입기
- 스케치북 가져와 자리에 앉기
- 사용한 연필, 지우개 제자리에 놓기
- 지우개 가루 스스로 청소하기
- 겉옷 챙겨 입고 스스로 단추 잠그기
- 인사는 또박또박 큰소리로 하기

위와 같이 일상에서 당연히 해야 하지만 잘 지키지 않던 규칙들을 하나하나 가르쳐 준다. 아이가 잘 못할 땐 최대한 말로 지도해 주고 도저히 안 되겠다 싶을 때 조금 더 적극적으로 개입한다.

"우리 학원에 오면 제일 먼저 뭐부터 하기로 했지?"

"자기 자리에 남아있는 물건 한 번 더 확인해 볼까?"

"단추가 잘 안 여며지네. 선생님이 한번 보여줄게. 따라 해볼까?"

"인사 조금 더 크게 해주면 선생님이 너무 행복할 것 같아."

이렇게 어른은 아이가 하는 행동을 천천히 지켜봐 주는 것만으로도 충분하다. 아이가 잊었거나 망설이고 있을 때 말로 코칭해주고, 행동으로 보여준 뒤 스스로 한 번 더 해보도록 해주는 게 가장 중요하다.

아이가 규칙을 잘 지키고 스스로 해냈을 땐 힘찬 하이파이브와 진심을 담은 칭찬으로 보상한다. 이 과정에서 아이들은 '성취감'을 경험하고 이때부터 아이들은 분명 변화하기 시작한다. 그리고 이런 성공 경험이 쌓이면 뭐든 자기가 하겠다고 먼저 손을 들기도 한다.

재밌고 흥미로운 사실은 이러한 '성공 경험'이 학습에도 큰 영향을 미친다는 것이다. 미술학원에서의 작은 성공 경험으로 성장한 아이들이 학업 실력까지 껑충 뛰어오르는 경우를 흔하게 보았다. 나는 이러한 '성취감'이 '자존감'까지 올려주는 연결 고리가 되어 무엇이든 그려내는, 무엇이든 해내는 아이로 변화하는 토대를 마련해 주기 때문이라고 생각한다.

망해야
이기는 게임

정말 실패해도 괜찮은 걸까요

"저 이거 못하겠어요."

"저 이거 안 해봤는데요."

나이에 상관없이 아이들 대부분 처음 나를 만나고 가장 많이 하는 말이다. 처음 만난 미술선생님 앞에서 아이들은 시작하기도 전에 못한다고 선언을 해버린다. 선생님이 필요한 이미지를 제공해 준다거나, 도와준다는 회유에도 꿈쩍 안 하고 고집을 부리는 경우도 있다.

"이거 시시해요."

"재미없어 보여요."

이런 경우 대부분의 부모는 '우리 아이가 미술을 싫어해서 저러나? 아니면 관심이 없나?'라고 생각부터 할 수 있다. 표면적으로는 그렇게 보이는 것도 사실이다. 그러나 아이들의 마음속에는 이런 말이 숨어 있다.

'잘 못하는 모습을 보여주기 창피해요.'

'했다가 망할까 봐 무서워요.'

결국 아이들의 이런 말들은 '실패하기 무서워서 미리 설치하는 안전망'이다. 일단 뒤로 빠지고 못 하겠다는 말만 남발하는 아이들. 나는 이 고난을 해결하기 위해 많이 고민했다.

"실패해도 괜찮아"라고 말하기 전에

일단 뒤로 빠지고 보는 아이들을 위해 내가 준비하는 첫 시간은 '실패하기 수업'이다.

"애들아, 이거 절대 성공하면 안 되는 거야. 똑같이 그리면 사탕은 못 받는 거야."

아이들 인생에 처음 겪는 '실패 권장' 멘트에 아이들은 호기심 어린 눈빛을 발산하기 시작한다. 망해야 이기는 게임. 이런 신박한 게임의 제목은 아이들을 잘해야 한다는 마음의 부담감에서 해방시켜주며 게임에 몰입하도록 도와준다. 예를 들면, 아래와 같은 식이다.

 - 미로 같은 선을 일부러 삐뚤게 그리기

- 캐릭터 색깔 다르게 칠하기
- 뽀로로 옆에 다른 친구 오려 붙이기
- 사람 못생기게 그리기

실패하기 수업에 참여한 아이들은 어느 순간 키득거리다가, 또 어느 순간 수업에 엄청나게 집중한다. 이 수업에서는 잘 그리면 점수가 가장 낮고, 못 그리거나 망해야 점수가 가장 높다. 아이들은 생애 최초로 '못해야 잘하는' 순간을 체험한다. 하물며 망해야 이기는 수업의 결과는 너무 잘 그려서 문제가 되기도 한다.

"못 그리려고 노력했는데 왜 잘 그려지는 거야!"

못하고 안 한다던 아이들이 입을 모아 이런 말을 하기도 한다.

"선생님 못 그리는 거 왜 이렇게 어려워요?"

"쟤가 더 못 그려서 사탕 더 많이 받겠다. 아, 부럽다 난 왜 잘 그리는 거야."

이 한 번의 수업으로 아이 스스로 '나는 잘하는 아이'라고 말해버린 이 순간. 이 수업으로 용기가 없어서 또는 귀찮은 척 뒤에 숨어있던 '수동형 아이'가 '능동형 아이'로 바뀌는 기적은 시작된다.

아이의 실패할 기회를 박탈하지 않기

요즘 어른들은 아이들이 실패를 겪지 않도록 단단한 성벽으로 아이 주변을 차단한다. 집에서는 부모가 해주면 되고, 아이 자신감이 떨어진다는 이유로 잘 못하는 건 아예 근처도 가지 않는다. 조금만 위험해 보여도 단단한 성벽 밖으로 내보내지 않는다.

교육에서도 아이들의 힘들다는 말 한마디면 유치원도, 학교도, 학원도 단칼에 안 보내 버린다. 개근상 받을 아이가 없어서 개근상이 사라진 요즘의 학교, 온갖 이유로 결석하는 아이들의 보강 일정을 잡아주느라 머리를 싸매는 요즘의 학원. 아이가 좋아하는 것만 하게 해주고 싶은, 실패와 어려움을 모두 피하게 해주고 싶은 부모들의 애정에서 벌어지는 일들이다.

'실패'의 반대말이 '성공'이지만, 실패를 해보지 않으면 성공이 무엇인지 알 수 없다. 넘어져 봐야 발아래를 조심하고, 추운 곳에 있어 봐야 따뜻한 집의 소중함을 알게 된다. 눈을 밟아보지 않으면 부츠를 신어야 하는 이유를 모르고, 바깥의 따사로운 햇볕을 직접 쐐 보지 않으면 태양이 얼마나 뜨거운지 알지 못한다.

이제는 월드 스타가 된 방탄소년단의 성공이 멋진 이유는, 그들이 10년간 수없이 경험한 실패가 차곡차곡 쌓여 지금의 단단함을 만들었기 때문이라고 생각한다. 이들이 멋지다는 건 알면서도 자신은 용기를 내지 못하는 안타까운 아이들. 이 아이들의 건강하고 행복한 삶을 위해서 실패를 꼭 경험할 수 있도록 해줘야 하는 건 어른의 필수 의무가 아닌가 생각해 본다.

미술의 가장 큰 장점은 자연스럽게 실패를 배우고 성장할 수 있다

는 점이다. 그림을 그리고 지우기를 반복하며, 실패의 과정을 반복
적으로 거쳐 성공으로 가는 과정을 배우게 되기 때문이다.

처음엔 잔뜩이었던 지우개 자국들은 아이가 미술을 배워가며 서
서히 줄어가게 된다. 아이는 좀 더 진지하게 관찰하고, 더 깊이 생각
하며 지우개를 사용하는 횟수를 줄여 나간다. 그림 그리는 교실 안
에서도 매일 '실패 경험'과 '성공 경험'이 반복되는 것이다.

아이들이 성공과 실패를 하나씩 쌓아가며 자기 스스로 발전해 나
가는 그 과정은 어떠한 과외보다 몇 배는 더 값진 경험이 될 수 있
다. 자기효능감과 미래를 살아갈 힘은 이런 성공과 실패의 반복에
서 자연스럽게 발달한다는 것을, 우리 아이들은 매일같이 보여주고
있다.

공부를 넘어서는
삶의 가치

삶의 방향을 바꾸는 작은 선택

20대 중반, 한창 강사로서 아이들과 부대끼던 시절이 있었다. 하루는 수업이 끝난 후 중3 여학생이 다가와 머뭇거리며 조심스레 물었다.

"선생님, 저는 공부를 왜 해야 하는지 모르겠어요. 엄마는 공부만 잘하면 행복해진다고 하는데, 저는 정말 잘 모르겠어요. 정말 그런가요?"

순간 아이의 눈에는 사춘기에 걸맞은 혼란과 고민이 서려 있었다. 내가 답을 주기 위해 고민하던 찰나, 옆에서 듣고 있던 또 다른 학생이 웃으며 말했다.

"선생님, 공부는 그냥 시험 잘 보려고 하는 거 아닌가요? 그게 전부죠."

그 질문 앞에서 나는 멈칫했다. 나 자신에게도 던져본 적 없는 질문이었다. 강사로서 또 선생님으로서 '정답'을 찾아야 한다는 부담감에, 나는 깊이 숨을 들이마시고 이렇게 말했다.

"공부를 하면 네가 선택할 수 있는 일이 많아져. 하고 싶은 일을 더 쉽게 선택할 수 있게 되고, 반대로 하기 싫은 일을 피할 가능성도 커져. 공부는 선택지를 넓히는 과정이야. 공부를 안 하면, 내가 하고 싶어도 하지 못하는 일이 너무 많아. 그리고 너는 조금만 노력하면, 충분히 잘할 수 있는 아이야."

결국 '내가 하고 싶은 일을 하기 위해' 공부를 하는 것이라는 이 대답은 20대 청년 강사로서 내가 할 수 있었던 최선의 답변이었다. 다행히도 학생은 내 말에 고개를 끄덕이며 수긍했다.

그 여학생은 반에서 딱 중위권인 23등을 유지하던 아이였다. 그러나 몇 달 후, 그녀의 태도가 눈에 띄게 달라졌다. 수업 중 질문을 더 자주 던지고, 더 집중해서 필기를 했다. 그러던 어느 날 그녀는 놀랍게도 상위권에 이름을 올렸다.

그 변화는 단지 점수에서만 나타난 것이 아니었다. 그녀는 더 자신감 있고 주도적인 태도로 삶의 방향성을 찾아가고 있었다. 게다가

교우 관계나, 일상의 활력이 예전과는 사뭇 달라짐을 느낄 수 있었다. 결국 그녀는 반에서 23등(40명 정원)에서 5등으로 중학교를 졸업할 수 있었다.

공부가 삶에 미치는 진짜 영향

세월이 흘러 40대 중반의 길을 걷고 있는 지금, 나는 교육 사업을 하며 공부가 삶에 미치는 영향을 더 깊이 이해하게 되었다. 공부가 인생을 모두 결정하지는 않는다. 하지만 삶의 방향을 설정하고, 더 나은 '선택'을 할 수 있도록 돕는 강력한 도구다. 이는 단순히 학업 성취를 넘어, 사람의 태도와 사고방식에 상당한 영향을 미친다.

특히 공부는 삶의 가능성을 넓힌다. 예를 들어, 새로운 언어를 배운다면 더 다양한 문화권의 사람들과 소통할 기회를 얻는다. 특정 분야의 지식이 높아지면 그 분야에서 주도적인 역할을 할 가능성이 커진다. 한 사람의 삶 전반에서 선택지를 늘리고, 가능성을 열어주는 열쇠다.

더불어, 공부는 단순히 지식을 쌓는 활동이 아니다. 이는 꾸준한 노력을 통해 삶의 기본적인 습관과 태도를 형성하는 데 도움을 준다. 올바른 습관은 긍정적인 태도를 만들고, 이 태도는 더 나은 인생을 살아가는 동력이 된다.

매일 정해진 시간에 공부하는 습관은 시간 관리 능력을 키운다.

작은 목표를 달성하는 과정은 자신감과 성취감을 쌓아준다. 습관은 그저 행동의 반복이 아니다. 이는 우리의 사고방식과 결합하여 더 나은 삶의 질을 높이는 기초가 된다. 매일 아침 책상에 앉아 하루의 계획을 세우는 행위는 성취만을 위한 수단이 아니다. 자신을 통제하고 미래를 설계하는 능력을 키우는 일이다.

《설득의 심리학》의 저자 로버트 치알디니 교수는 이러한 습관 형성과 행동 변화를 이해하는 데 중요한 통찰을 제공한다. 치알디니 교수는 행동 변화와 습관 형성을 위해 'If – Then – When'이라는 3단계 전략을 제시하는데, 다음과 같은 방식으로 구체화할 수 있다.

> 목 표: 이제부터 아침 6시 기상
> 1단계: 아침 6시에(when)
> 2단계: 오른쪽 다리를 이불 밖으로 빼면(if)
> 3단계: (then) 왼쪽으로 돌아누워 5분 후 베개를 뺀다

이렇게 세 가지 정도만 하면 이미 사람이 새벽 6시에 잠을 깰 수 있는 최고로 좋은 상태가 된다는 것이다. 치알디니 교수는 "If, Then, When" 이 세 가지가 모두 들어가야만 사람의 행동이 바꿀 수 있다고 한다. 그리고 그것이 계속 반복돼야만 습관이 만들어진다고 하였다.

인지심리학자 김경일 교수는 우리가 하나로 세운 목표를 세 개, 네 개로 잘게 나누어 놓으라고 조언한다. 잘게 잘라서, 1번 순서, 그

다음 2번, 3번의 순서대로 행동한다면, 마침내 '시나브로' 그 목표에 도달하게 된다는 것이다.

이 전략은 목표를 설정할 뿐 아니라, 이를 달성하기 위한 구체적인 행동 계획을 수립하도록 돕는다. 목표와 계획은 전혀 다른 차원의 이야기다. 목표만 세워놓고 계획을 세우지 않으면, 목표는 이루어지지 않을 때가 많기 때문이다. 이렇게 작은 단위로 나눈 행동을 반복하면, 목표 달성의 가능성이 크게 높아진다. 이는 공부뿐만 아니라 삶의 다양한 영역에서도 적용할 수 있는 보편적인 방법론이다.

습관이 삶에 미치는 영향은 우리가 생각하는 것보다 크다. 매일 반복되는 작은 행동이 누적되어 큰 변화를 만든다. 이는 삶의 모든 면에서 자기 주도적이고 책임감 있는 태도를 형성하는 데 도움을 준다.

지식에서 소양으로: 공부의 확장된 의미

공부는 삶의 소양을 형성하는 데 중요한 역할을 한다. 사람들과의 관계에서 공감 능력, 윤리적인 판단, 그리고 책임감과 같은 인간적인 요소를 포함한다. 공부라는 행위 자체가 끊임없는 대뇌를 자극하는 활동이다. 이는 그저 기억력 강화에 그치지 않는다. 신경 가소성 Neuroplasticity이라는 개념에 따르면, 공부는 뇌의 구조를 변화시키고 새로운 연결을 생성하며, 더 복잡한 사고와 문제 해결 능력을 길러준다.

수학 문제를 푸는 과정에서는 논리적 사고와 분석력이 강화되고, 외국어 학습은 뇌의 전두엽과 측두엽을 자극하여 언어 처리 능력을 향상시킨다. 역사 공부는 단순히 과거 사건을 암기하는 것이 아니라, 이를 통해 현재와 미래를 이해하는 관점을 길러준다. 문학 공부는 인간의 복잡한 감정을 이해하고, 다양한 시각에서 세상을 바라보는 능력을 길러준다. 이러한 학문적 경험은 타인의 입장을 이해하고 공감하는 데 중요한 기초가 된다. 인문학 교육이 아주 중요한 이유이다.

공부는 또한 일상생활로 이어져, 상식적이고 책임감 있는 행동을 가능하게 한다. 경제학을 공부한 사람은 개인의 소비와 저축을 더 체계적으로 관리할 수 있다. 윤리학을 배운 사람은 더 나은 선택을 할 가능성이 높다.

공부는 무엇을 배우느냐를 넘어, 배움을 통해 나를 변화시키고 세상과 연결될 수 있는지에 대한 질문이다. 따라서 공부는, 어른이 되어가는 과정에서 삶을 더 풍요롭고 의미 있게 만들어주는 중요한 열쇠가 된다. 공부 자체가 어른이 되는 공부인 것이다.

그 과정은 쉬운 길은 아니다. 때로는 지치고, 이유를 잃는 순간도 찾아온다. 그럴 때마다 스스로에게 질문해야 한다. '나는 왜 배우고 있는가?' 이 질문은 나를 움직이게 하고, 내 삶을 가치롭게 만든다. 나아가 나와 타인의 삶을 변화시킬 가능성을 열어준다.

공부는 결과를 위한 경주가 아니다. 그것은 자신의 가능성을 끊임없이 확장해 나가는 여정이다. 그 여정에서 획득한 깨달음과 경험은 단순한 성적 이상의 가치를 만들어 낸다. 그래서 아이들에게 공부를 강요하기 전에, 그들이 공부의 가치를 스스로 발견하도록 돕는 것이 중요하다.

아이들에게 어떤 사람이 되고 싶냐고 한번 물어 보자. 어른이 되어서 어떤 인생을 살고 싶은지 대화해 보자. 장래 희망 말고, 어떤 일을 하며 살면 행복할 것인지에 관한 질문을 해보자.

'공부는 삶의 가능성을 여는 열쇠다.'

이 메시지가 아이들의 마음속에 뿌리내릴 때, 그들은 더 이상 억지로 공부하지 않는다. 배움의 즐거움을 스스로 찾아간다.

나를 깊이
이해하는 힘

3,000원짜리 감정 처방전

나의 3,000원짜리 노트는 내게 보물이자 처방전이다. 값으로 매기기 어려울 만큼 많은 것들을 내게 주기 때문이다. 나의 3,000원짜리 노트는 나를 알아가고, 내 감정을 쏟아낼 수 있는 공간이자 언제든지 이야기를 들어주는 친구 같은 존재다. 판단 없이 그저 나를 받아주는 이 노트 덕분에, 나는 조금씩 더 나은 자신을 만나고 있다.

부모는 늘 바쁘다. 아침엔 아이들을 챙기고, 집안일을 처리하다 보면 하루가 훌쩍 지나간다. 저녁이 되면 "오늘 저녁은 뭘 먹지?"라는 고민이 또 시작되고, 나 자신을 돌볼 시간은 좀처럼 나지 않는다.

특히 워킹맘이나 워킹대디는 더욱 그렇다. 아침엔 아이들과 출근 준비로 시간에 쫓기고, 직장에서는 업무에 치여 나를 돌아볼 여유가 없다. 집에 돌아오면 부모로서의 역할이 다시 시작되고, 결국 "나는 누구지? 내가 정말 원하는 건 뭘까?"라는 질문이 따라온다.

부모로서 가족을 돌보는 것도 중요하지만, 동시에 나 자신을 잃지 않는 것도 중요하다. 내가 행복하고 건강해야 가족도 함께 행복할 수 있기 때문이다. 이를 뒷받침하는 과학적 연구도 있다. 하버드 대학교의 연구에 따르면, 자기 돌봄을 실천하는 부모는 스트레스를 더 잘 관리하며 자녀와의 관계도 긍정적으로 변한다고 한다. 부모가 정서적으로 안정되면 아이들도 그 영향을 받아 더 건강하게 성장할 수 있다는 것이다.

종종 외부의 요구와 책임에 밀려 내가 진정으로 원하는 것이 무엇인지, 내가 어떤 사람인지 돌아볼 기회를 놓치곤 한다. 하지만 부모이기 이전에 우리는 '나'라는 한 사람이다. 그리고 그 사람을 알아가고 돌보는 일은 삶에서 가장 큰 특권이다. 내가 나를 돌볼 때, 가족 역시 자연스럽게 더 행복하고 건강해질 수 있다.

생각해 보라. 이 세상의 주인공은 바로 나 자신이다. 내가 나를 돌보지 않으면 그 영화의 주인공이 어떻게 빛날 수 있을까? 반대로 내가 나를 사랑하고 돌보기 시작하면, 그 에너지는 가족에게도 자연스럽게 전달된다. 내가 웃으면 가족도 함께 웃고, 내가 지치지 않으면 가족도 함께 강해진다.

자기 돌봄은 단순한 '자기 관리'가 아니다. 나와 가족 모두를 위한

'삶의 방식'이다. 내 마음속 주인공 '나'를 자랑스럽게 여기고, 그 주인공답게 살아가는 것이 부모로서도, 한 사람으로서도 진정한 성공이다.

어른을 위한 감정 다스리기의 기술

부모로서 우리는 다양한 감정을 경험한다. 때로는 불편한 감정이 생기고, 어린 시절의 상처나 억눌렀던 기억들이 떠오를 때도 있다. 하지만 이 감정들을 제대로 다루지 않으면 결국 아이들에게 그대로 전달될 수밖에 없다.

그렇다면 감정을 어떻게 다루어야 할까? 우선, 내 감정을 풀어내는 것이 중요하다. 가족을 돌보며 느끼는 피로감과 아이들과의 작은 갈등들이 마음속에 쌓일 수 있기 때문에, 이를 안전하게 해소할 시간이 필요하다.

내가 선택한 방법은 바로 앞서 말한 3,000원짜리 노트다. 이 노트는 단순한 기록의 도구가 아니다. 언제든 필요할 때 꺼내어 감정을 털어놓을 수 있는 소중한 공간이다. 이 노트는 나를 판단하지 않고 그저 내 이야기를 받아준다. 비싼 상담료도 필요 없고, 솔직하게 내 감정을 적어 내려가기만 하면 된다. 마치 마음 속 상담사와 대화하는 기분으로 그날의 감정이나 사건을 적다 보면, 그 감정이 어디에서 비롯되었는지 자연스럽게 알게 된다. 때로는 글을 쓰며 예상치 못했던 과거의 기억이 떠오르기도 한다. 이렇게 감정을 솔직히 마주하고 나면 마음이 한결 가벼워진다. 실제로 연구에 따르면, 감정을 글로 표현하는 것은 정신 건강에 매우 유익하며 스트레스 완화와 우울증 해소에도 큰 도움이 된다고 한다.

명상도 감정을 다스리는 훌륭한 방법이다. 명상은 내면의 소리에 집중하게 하고 마음을 차분하게 만들어 준다. 하지만 글로 감정을 풀어내는 것은 또 다른 자기 돌봄의 방식이다. 때로는 내 이야기를 들어줄 사람이 없을 때, 이 노트가 그 역할을 해준다. 이렇게 감정을 정리하다 보면 혼란스러웠던 마음이 점차 안정되기 시작한다.

처음엔 이런 과정이 어색할 수 있다. 하지만 꾸준히 하다 보면 감정을 풀어내는 것이 습관이 되고, 내 마음을 이해하는 능력도 커진다. 자기 돌봄은 거창한 일이 아니다. 아침에 차 한 잔을 마시며 생각을 정리하는 시간, 산책을 하며 느끼는 맑은 공기, 좋아하는 음악을 들으며 마음을 진정시키는 작은 순간들이 모두 그 과정의 일부다.

예전에는 라면을 냄비째 급하게 먹었다. 이제는 예쁜 그릇에 담아 천천히 음미하며 먹는다. 이런 사소한 변화가 내게 "나는 소중하다."라는 메시지를 전해준다. 혼자 있을 때도 나 자신을 존중하고 대접하는 것이 중요하다. 작은 실천부터 시작해 보자. 나 자신을 돌보는 데는 의식적인 노력이 필요하지만, 그만큼 값진 결과를 얻을 수 있다. 내가 나의 부모가 되어 스스로를 잘 먹이고, 잘 입히고, 잘 돌보는 것이다.

장담한다. 이렇게 나를 챙기기 시작하면, 자연스럽게 타인에게도, 특히 자녀에게도 너그럽고 여유롭게 대하는 범위가 넓어진다는 것을. 내가 내 감정을 잘 다스리고 행복할 때, 그 혜택이 고스란히 아이들에게도 전해진다. 부모가 평온하고 안정되면 아이들도 더 건강한 정서를 배울 수 있다.

나를 돌보는 일은 선택이 아니라 필수다. 자신을 깊이 알아가고 진정으로 사랑하는 과정은 우리 삶에서 누릴 수 있는 가장 소중한 특권이다. 내가 행복하고 충만해야, 비로소 가족도 함께 건강하고 행복할 수 있다. 나를 돌보는 순간, 우리는 더 나은 부모가 되고, 더 행복한 사람으로 거듭난다. 결국, 나를 돌보는 것이야말로 모든 사랑의 시작이자 끝이다.

나를 돌보는 일, 작은 것부터 당장 실천하자.

영재와 둔재는
다르지 않다

학교 수업이 힘든 아이들

가르치는 학생은 제각각이지만, 가르치는 방식은 크게 다르지 않다. 상위 0.3%의 지능을 가져 개인과외를 받는 학생도, 일상적인 대화가 끊길 만큼 느린 학습자라도 말이다.

평범한 학습자를 중위권이라고 본다면, 최상위권에 위치해 선행학습을 하는 영재와 하위권에서 학습 과정을 부단히 쫓아가는 느린 학습자가 있다. 상위권과 하위권, 마치 대척점에 있는 것처럼 극과 극에 위치한 두 집단을 다르지 않다고 하는 이유는 뭘까?

영재는 발달한 언어 능력, 창의성, 높은 사고력과 집중력을 가진다. 평균 이상의 지능과 빠른 학습 속도를 보인다. 문제 해결력 또한 뛰어나다. 하나를 알려주면 열을 아는 응용력과 문제 해결력을 가지고 있다. 하지만 적기 교육 학습자에 비해 다양한 경험이 부족하다.

느린 학습자는 말 그대로 학습 속도가 또래에 비해 느리고, 배운 내용을 오래 기억하지 못한다. 주의집중 시간이 짧고 산만한 경향이 있다. 추상적 사고와 문제 해결 능력이 부족하다. 단기 기억과 작업 기억 능력이 제한적이다. 복잡한 지시를 따르거나 여러 단계의 과제를 수행하는데 어려움이 있다. 언어 표현과 이해에 어려움이 있을 수 있다.

영재와 느린 학습자는 얼핏 보기에 매우 다른 특성을 가진 학습자로 보인다. 그러나 자세히 살펴보면 학습적인 측면에서 볼 때 몇 가지 중요한 공통점이 있다.

첫째, 학업 수준의 차이로 인해 또래와 어울리기 어려울 수 있다. 자처해서 친구들과 놀지 않거나, 친구들이 어울리기 꺼리는 경우가 많아 놀이에 대한 경험이 부족하기 쉽다.

둘째, 학교 수업 적응의 어려움을 들 수 있다. 선행 학습 학생들은 이미 알고 있는 내용으로 인해 학교 수업 시간에 집중력이 떨어질 수 있고, 느린 학습자들은 학교 수업 속도를 따라가기 어려워 내용 이해에 어려움을 겪는다. 두 집단 모두 수업에 집중하기 어려운 건 마찬가지다.

셋째, 정서적 문제를 겪을 수 있다. 선행 학습 학생들은 과도한 학업 스트레스로 인한 정서적 문제를 겪을 수 있다. 반면, 느린 학습자들은 반복된 실패 경험으로 인한 낮은 자존감과 우울, 불안 등의 정신건강 문제를 경험할 수 있다. 크게 본다면 불안이 높은 것이다.

넷째, 장기적 관점의 교육 부재를 들 수 있다. 선행 학습은 단기적인 학업 성취에 치중될 수 있어 장기적인 학습 능력 발달을 저해할 수 있다. 느린 학습자들은 장기적인 발달과 성장을 고려한 교육 지원이 부족할 수 있다.

이와 같이 두 그룹 모두 일반적인 학교 교육과정으로는 충분한 교육적 지원을 받기 어려워 개별화된 접근이 필요하다.

아이들 교육에도 맞춤 전략이 필요하다

앞서 살펴본 바와 같이, 느린 학습자와 선행 학습자는 서로 다른 학습 속도와 능력을 갖추고 있지만, 공통점 또한 많기 때문에 효과적인 학습을 위해 몇 가지 공통된 전략을 적용할 수 있다.

먼저, 두 그룹 모두 개인의 학습 속도와 스타일에 맞춘 맞춤형 교육이 필요하다. 느린 학습자는 기초부터 차근차근 학습하는 접근이, 선행 학습자는 심화 학습과 빠른 진도가 적합하다. 하지만 선행 학습자는 적기 교육에 비해 경험이 부족하기 때문에 더욱 직관적인 설명이 효과적이다.

이와 관련하여, 개념을 작은 단위로 나누어 단계별로 제시하는 것이 매우 중요하다. 다만, 느린 학습자에게는 개념을 익힐 때까지 반복하여야 하며, 선행 학습자에게는 개념을 익힌 후 응용문제까지 연계하여 복잡한 문제를 해결하는 기회를 제공하여 도전 의식을 자극할 수 있다.

또한, 두 그룹 모두 수학 개념을 실생활과 연결 지어 학습하는 것이 효과적이다. 구체적인 예시와 구체물 등의 조작 활동을 통해 추상적인 개념을 이해하도록 돕는다. 게임, 퍼즐, 프로젝트 등 다양한 활동을 통해 수학을 재미있게 학습할 수 있다.

이러한 전략들을 적용하면서, 각 학습자의 개별적인 요구와 특성을 고려하여 접근하는 것이 중요하다. 또한, 지속적인 평가와 피드백을 통해 학습 계획을 조정하고, 장기적인 성장을 목표로 하는 교육적 접근이 필요하다. 영재라고 모든 게 쉬운 건 아니다. 느린 학습자라고 슬퍼하고 있을 필요도 없다. 아이들 교육에도 맞춤 전략이 필요하다는 인식의 전환부터가 시작이다.

질문하는
뇌

AI 시대와 교육

'질문하는 뇌'에 대해 들어본 적 있는가? 많은 독자에게 생소할 수 있다. 이 개념은 뇌 과학자 매리언 울프의 책《책 읽는 뇌(개정판: 프루스트와 오징어)》를 읽는 과정에서 떠오른 화두였다. '책 읽는 뇌'가 있다면 '질문하는 뇌'도 있지 않을까? 이 질문이 시작이었다.

여기에 사람보다 똑똑하다는 AI도 한몫했다. AI의 빠른 발전 속도는 무섭다 못해 이젠 당연한 것처럼 느껴진다. 앞으로 인간의 지식은 AI를 따라갈 수 없을 것이다. 그렇다면 이 시대 교육자는, 부모는 어떤 역할을 해야 할까? 우리는 어떻게 아이들을 길러야 할까?

내가 주목한 것은 '지혜'였다. 지식이면 몰라도 지혜는 AI가 따라

오지 못할 것이라고 생각했다. 처음에는 막연한 믿음이었다. AI는 방대한 지식과 정보를 처리하고, 분석하여 합리적인 결론을 도출하는 데 일인자다. 반면 '지혜'라는 개념은 단순 지식의 축적을 넘어서, 인간 경험과 직관, 깊은 이해를 바탕으로 한 통찰력이다. 인간의 경험, 도덕적 판단, 그리고 직관적인 의사결정은 AI와 정확히 대치된다.

AI는 '지혜를 모방'할 수는 있겠지만, 지혜를 가진 사람은 통찰력 있는 질문을 통해 AI의 지식까지 자신의 지혜로 만들 수 있을 것이다.

그렇다면 지혜는 어떻게 생기는 것일까? 조금 아이러니하지만, 지식의 대가 챗GPT에게 지혜가 어떻게 생기는지 물어보았다. 답변은 이러했다.

지식을 탐구해라, 경험에서 배워라, 조언을 구하라,
자기 성찰을 해라, 겸손해라, 목적을 가지고 살아가라.

나는 여기에 한 가지를 더 추가하고 싶다. 질문을 하라. 당위성에도 의문을 가져라.

질문과 지혜는 관계가 깊다. 질문은 그 자체가 지혜를 기르는 과정의 핵심이다. 처음엔 날카롭고 비판적인 질문을 하지 못하더라도 말이다. 질문은 단순히 답을 구하는 것이 아니라, 그 답을 찾는 과정에서 더 큰 통찰과 이해를 덤으로 준다. 따라서 지혜를 얻는 방법 중 하나는 끊임없이 '왜', '어떻게', '만약', '예를 들면' 등의 꼬집고 비트는 질문을 하는 것이다. 질문에 대한 결론이 나지 않아도 좋다!

아이들은 질문을 통해 성장한다

이 시대의 미래를 키우는 영어 유치부를 운영하다 보니 없던 개똥철학도 생겼다. 그중 하나가 '아이들은 질문을 통해 성장한다'이다.

아동은 세상을 배우고 탐구하는 인지 발달 과정에 있다. 때문에 질문을 많이 던진다. 하루에 수십 개도 넘는다. 아이들의 질문은 황당하고 신선하고 창의적인 것으로 넘쳐난다. 나는 아동의 탐구 호기심 과다 상태에 착안하여 1Q1D(1Question 1Day)를 실행하고 있다. 1Q1D 수업 시간이 있다. 그리고 아이들이 궁금하면, 이상하면 수시로 선생님께 질문하도록 한다. 그러면 선생님이 또 되묻는다. "Why?"

'Why'는 아이들 스스로 문제의 본질에 다가가는 첫 단계이다. 'Why'의 해답을 얻었다면 'How'를, 더 나아가 'If'를 던지도록 한다. 이것 모두 상상력을 자극한다. 아이들도 서로에게 'Why', 'How', 'If' 등의 질문을 던지게 한다. 이런 훈련이 반복되니 어린아이들이지만 주제가 있는 프로젝트 수업도 가능하게 되었다.

또한 질문을 하기 위해 새로운 환경을 조성한다. 낯선 환경은 뇌에 신선한 자극을 준다. 처음 맞이하는 장소에서 질문이 터지기도 한다. 염전 체험, 밤 따기 체험, 도예 체험, 숲 체험 등은 아이들이 자연스럽게 질문을 하도록 하는 좋은 도구가 될 수 있다. 무엇보다 가장 중요한 것은 질문하는 습관을 만드는 것이다. 며칠이 걸려도 답을 찾지 못하는 질문이 많았으면 좋겠다.

뇌 과학자들에 따르면, 인간의 뇌는 질문을 통해 호기심이 자극된다고 한다. 이 과정에서 전두엽이 활성화되며, 고차원적인 사고 능력을 활용한 비판적 사고가 길러진다. 또한, 당연한 명제를 뒤집는 과정은 우측 두정엽과 우뇌의 창의적 사고 영역을 더욱 활성화시킨다고 한다. 이렇게 유용하고 효과적인 질문을 어찌 등한시할 수 있겠는가?

나는 "인간과 AI는 더 이상 경쟁 관계가 아니다."라고 말하고 싶다. 우리는 AI와 상생과 협력의 관계를 만들 수 있다. AI의 그림자가 더 길어질수록 인문학은 더 빛날 것이다. 반 바퀴 비틀어 질문해 보자. 질문하는 뇌를 훈련하자. 우리 아이들도 그런 과정에서 성장하도록 하자.

전 오바마 미 대통령이 한국 기자들에게 질문할 기회를 주었지만, 아무도 질문하지 않더라는 일화는 유명하다. 그러나 앞으로는 그런 기회를 주기 전에 본질을 꿰뚫는 날카로운 질문을 쏟아내는 우리의 미래들이 많았으면 좋겠다.

아이들이 스스로
성장하는 법

감정의 운전대

한밤중 불 켜진 방으로 날아드는 나방. 나방은 본능적으로 빛을 향해 날아들지만, 그럴수록 방향을 잃고 여기저기 부딪히며 점점 힘을 잃는다. 우리도 나방처럼 순간적인 자극에 끌려 여기저기 부딪히며 중요한 방향을 잃을 때가 많다. 갑작스러운 상황, 누군가의 날 선 한마디, 끝없이 밀려오는 해야 할 일들. 우리는 그 자극에 즉각 반응하며 살아간다. 그런데 그럴수록 진짜 중요한 것들은 점점 더 멀어지는 기분이 들지 않는가?

얼마 전의 일이다. 큰아이가 동생에게 장난을 치다 울리고 말았다. 나는 화가 나서 "왜 또 그랬어?"라고 따졌다. 아이는 "동생이 먼저 그

랬단 말이야!"라며 소리쳤다. 순간 나는 "그게 이유가 돼? 넌 맨날 이러잖아!"라고 쏘아붙였다. 아이는 울며 방으로 들어가 버렸다.

거실에 홀로 남아 생각했다. 왜 나는 늘 이렇게밖에 반응하지 못할까. 같은 상황, 같은 행동, 같은 감정. 마치 뫼비우스의 띠처럼 반복되는 갈등들. 이 갈등은 단순한 실수가 아니라, 자극에 즉각 반응하는 방식 때문이라는 것을 깨달았다.

아이와의 갈등뿐만 아니라, 부부 관계에서도 비슷한 일이 있었다. 배우자가 피곤한 듯 짜증 섞인 말투로 말을 건넸을 때, 나도 모르게 "왜 그렇게 말해?"라며 날카롭게 반응한 적이 있다. 그러나 잠시 멈추고 '왜 그런 말을 했을까' 생각해 보니, 단순히 피곤해서 나온 말일 뿐이었다는 것을 깨달았다. 가족 관계 전반에서, 아니 인간관계 전반에서 우리가 자극에 반응하는 방식은 갈등을 키울 수도, 줄일 수도 있다.

우리는 종종 나도 모르게 감정에 끌려가거나 순간의 상황에 휘둘린다. 빅터 프랭클은 이런 말을 남겼다.

"자극과 반응 사이에는 여백이 있다. 그 여백에서 우리의 성장과 자유가 생겨난다."

우리의 선택은 삶을 원하는 방향으로 이끌어 가는 첫걸음이 된다. 잠깐의 멈춤은 삶의 운전대를 다시 잡는 시작점이 된다.

자기계발의 대가이자 성공과 풍요의 철학자로 전 세계에 영감을 준 밥 프록터는 '반응하지 말고 응답하라'고 강조한다. 이 밖에도 삶의 경험을 확장하는 안내자들, 예를 들어 조 디스펜자, 에크하르트 톨레, 토니 로빈스, 루이스 헤이 등은 모두 비슷한 주장을 펼친다. 순간적인 감정에 끌려가는 대신 주체적으로 상황을 바라보고 선택하는 태도의 중요성을 이야기한다. 이는 삶의 변화를 위한 중요한 핵심 메시지이며 태도다. 그들 모두가 자극을 성장의 기회로 삼는 법을 배워야 한다고 우리에게 가르친다.

삶의 운전대를 원하는 방향으로

'의식적으로 반응하기'란 것이 있다. 이는 감정을 억누르거나 회피하는 것이 아닌, 감정을 알아차리고, 그것을 바탕으로 더 나은 선택을 하는 과정이다. 이 과정은 단순히 개인적인 성장을 넘어서, 가정과 학교에서 아이들에게도 큰 영향을 미칠 수 있다. 전인적인 교육의 핵심이 바로 여기 있다. 단순히 지식을 전달하는 데 그치지 않고, 아이들이 자신의 감정, 사고, 행동을 스스로 조율할 수 있도록 돕는 것이다.

의식적으로 반응하기를 실천하며 효과를 본 방법들을 공유해 본다. 짧은 휴식에서 큰 변화가 시작된다. 이 방법들은 부모로서, 교사로서 아이들과 함께 시도하기에도 적합하다.

• 5초 잠깐의 쉼

화가 나거나 충동적으로 말하고 싶을 때, 5초 동안 숫자를 세어 본다. 힘든 순간도 있을 것이다. 그러나 이 짧은 휴식은 신기하게도 마음을 차분하게 만들어 준다. 아이가 실수했을 때도 바로 화내는 대신, 5초를 멈추고 나면 더 좋은 말이 떠오르기도 한다. 빅터 프랭클이 말한 '선택의 여유를 만들어 내는 공간'을 활용하는 첫걸음이다. 몸에 익지 않았다면 스스로 "5초만 기다려!"라고 다독여 본다. 이 5초간의 돌아보는 시간이 나를 성장시키는 마법의 시간이 될 것이다.

• 감정을 인식하고 인정하기

감정을 억누르지 말고 인정하는 연습을 해본다. 이 과정은 스스로 솔직해지는 첫 단계다. 화가 나면 "지금 내가 화가 났구나."라고 스스로 말해 본다. 그다음, 왜 그런 감정을 느꼈는지 생각해 본다. 좋은 감정이든 지질한 감정이든 그저 그 마음과 함께 있어 주는 거다. "나의 감정은 나에게 인정받는구나."라는 따뜻한 경험을 하면 마음이 한결 여유로워질 것이다. 감정을 솔직히 받아들이면 마음의 여유가 생기고, 상황을 더 효과적으로 해결할 수 있다. 예컨대, 화가 난 아이에게 "지금 어떤 감정이 드니?"라고 물어보는 것만으로도 감정을 이해하고 풀어가는 대화의 시작이 될 수 있다. 또한, 화가 났을 때 그 감정을 이해하고 표현하면 문제의 본질에 더 집중할 수 있게 된다.

이 과정은 아이들에게도 자신의 감정을 이해하고 다스리는 법을 가르치는 데 유용하다.

• 상대방의 의도 되새기기

누군가의 말이 불편하게 느껴질 때, 그 사람의 의도를 다시 생각해 본다. "이 사람이 왜 이런 말을 했을까?"라고 스스로 물어보는 거다. 여기서 더 나아가 상대방의 입장을 상상하며 이해하려고 노력해 본다. 이 작은 습관만으로도 불필요한 갈등이 줄어들고 관계가 훨씬 좋아질 수 있다. 이는 밥 프록터의 철학처럼 상황을 주체적으로 바라보는 연습이기도 하다.

• 명상과 호흡으로 마음 다스리기

하루에 5분 만이라도 명상이나 깊은 호흡에 집중해 본다. 단 5분이라도 내면이 차분해지고, 하루를 더 주도적으로 살아갈 힘이 생긴다. 아이들과 함께 명상을 연습해 보는 것도 좋은 방법이다. 아이들도 스스로 감정을 다스리는 법을 배울 수 있다. 아이들과 시간을 내어 5분씩 고요해지는 시간을 만들어 보자. 유튜브에서 손쉽게 5분 명상을 찾을 수 있다.

위에서 소개한 네 가지 방법은 내가 직접 실천하며 효과를 본 것들이다. 이 중 하나라도 익혀 실천한다면, 자신의 감정과 행동에 조금씩 더 민감해지고, 변화를 체감할 수 있을 것이다.

의식적 반응은 전인적 교육의 중요한 부분이다. 단순히 아이들이 성적을 잘 내고 학업에서 성공하는 것을 넘어, 삶의 다양한 상황에서 균형 잡힌 태도를 보이도록 돕는다. 부모와 교사가 먼저 이 기술을 실천하고 아이들에게 모범을 보인다면, 아이들은 자연스럽게 배우게 된다. 스스로 감정을 이해하고 조율하며, 자극에 휘둘리지 않는 주체적인 삶을 살아갈 힘을 얻게 된다.

상상해 보라. 아이가 실수했을 때 "왜 또 그랬어?" 대신 "이번엔 어떻게 하면 좋을까?"라고 물어보는 부모의 모습을. 그리고 이런 작은 변화가 아이에게 얼마나 큰 차이를 만들어 낼지. 이러한 반응들이 쌓이면 아이는 단순히 지식을 쌓는 것을 넘어서 자기 삶의 운전대를 잡는 법을 배우게 될 것이다.

삶의 운전대를 잡는다는 것은 원하는 방향으로 자신을 이끌어가는 능력을 갖추는 것이다. 이런 태도는 아이뿐만 아니라 우리가 모두 길러야 할 중요한 기술이다. 빅터 프랭클이 말한 '성장과 성찰의 공간'은 우리의 선택과 성장의 기회를 제공한다. 짧은 멈춤에서 큰 변화가 시작된다는 사실을 잊지 말자. 이 공간을 의식적으로 활용하는 법을 배우면, 우리는 자극에 휘둘리지 않고 삶의 주도권을 되찾을 수 있다. 그리고 이 기술을 아이들과 함께 실천할 때, 우리는 그들의 장래를 더 밝게 바꿀 수 있다.

한 번 멈추고 선택하는 작은 행동이 당신의 삶과 관계를 조금씩 변화시킬 것이다. 처음은 작지만, 그 짧은 휴식이 삶의 운전대를 잡는 시작이 된다. 오늘, 딱 한 가지라도 의식적으로 반응해 보자. 당신의 작은 선택이 아이들과 주변 사람들에게 긍정적인 변화를 불러올 것이고, 그 여정의 첫걸음이 바로 지금 시작될 수 있다.

미래를 대비하는
교육의 필요성

4차 산업혁명과 함께 사회는 빠르게 변하고 있다. 앞으로의 시대는 단순히 성적만 좋아서는 안 된다. 창의력, 문제 해결 능력, 협업 능력 같은 소프트 스킬이 점점 중요해지는 시대다. 특히 초등학교 시기는 이러한 미래 역량을 기르기에 가장 적합하다. 이번 글에서는 초등학생 시기에 꼭 키워야 할 능력과 이를 실천할 방법들을 알아보자.

초등, 평생의 경쟁력을 키우는 시기

조금 미루면 안 되는 걸까? 초등 시기에 미래 역량 키우기가 더 중요한 이유는 뭘까? 초등학교는 아이들이 새로운 것을 배우고 자신의 가능성을 발견하는 시기다. 특히 뇌 발달이 활발하게 이루어지는 이 시기에 다양한 경험과 활동을 통해 사고력과 창의력을 키우면 평생의 경쟁력이 될 수 있다.

한국교육개발원의 자료에 따르면, 창의적 문제 해결 능력을 갖춘 아이들은 중학교 이후 성적과 학습 태도에서도 더 높은 성취를 보인다. 따라서 초등학교 시기에 미래 역량을 길러주는 것은 부모의 중요한 역할이라고 볼 수 있다.

창의력은 정답이 정해지지 않은 상황에서 새로운 아이디어를 만들어 내는 능력으로, 문제 풀이보다는 놀이와 활동을 통해 배우는 것이 좋다. 일반적으로 아래와 같은 활동이 추천된다.

- **미술 활동**: 자유롭게 그림 그리기, 클레이로 창작품 만들기
- **독서와 토론**: 다양한 장르의 책을 읽고 나서 주제에 대해 이야기 나누기
- **문제 해결 놀이**: 블록을 이용한 구조물 만들기, 문제 해결 게임 하기

문제 해결 능력을 키우는 구체적인 방법도 살펴보자. 문제를 스스로 해결하는 능력은 미래 사회에서 중요한 기술이다. 앞서 언급했던 '질문'이 매우 중요한데, 질문을 던지고 이를 해결하는 과정에 많은 것들을 배울 수 있기 때문이다. 문제 해결력을 위해 부모와 교사는

아이들과 다음을 실천해 볼 수 있다.

- ▶ **질문 던지기**: "이 상황에서 어떻게 하면 좋을까?"라는 열린 질문을 통해 사고를 자극하기
- ▶ **문제를 단계별로 해결하도록 돕기**: 큰 문제를 작은 문제로 나누고, 한 단계씩 접근하는 방법 가르치기

혼자서 살아갈 수 있는 시대는 없다. 과거에도 그랬고 앞으로도 그럴 것이다. 특히 융합과 통섭을 통해 무한의 가치를 만들어 갈 수 있는 앞으로는 더욱 이러한 가치가 높아진다. 다양한 환경에서 협력하는 능력은 성공적인 사회생활의 기본이라는 점을 떠올리자. 다음은 아이들의 협업 능력을 향상시키는 가정과 학교의 역할이다.

- ▶ **협업 놀이**: 팀으로 하는 퍼즐 맞추기, 역할극 놀이
- ▶ **학교 활동**: 그룹 프로젝트나 발표 준비를 통해 협업 경험을 제공하기
- ▶ **부모의 지지**: 아이가 친구들과의 갈등 상황을 해결하도록 대화를 통해 이끌어 주기

자기주도 학습은 스스로 목표를 세우고 이를 달성하기 위해 노력할 줄 아는 능력이다. 자기주도 학습 습관 만들기의 중요성은 이 책

을 관통하는 핵심이기도 하다. 초등학생 때부터 자기주도 학습 습관을 기르면 중고등학교 학습에서도 큰 효과를 볼 수 있다.

- ▶ **스케줄 짜기**: 아이가 직접 하루 일정을 계획하도록 돕기
- ▶ **작은 목표 설정**: "오늘 15분 동안 이 책 읽기" 같은 구체적인 목표를 세우기
- ▶ **피드백 제공**: "이번엔 아주 잘했네, 다음엔 이 부분도 더 신경 써 보자." 같은 긍정적인 피드백 주기

초등 시기에 창의력, 문제 해결 능력, 협업 능력, 그리고 자기주도 학습 습관을 길러주는 것은 미래 사회에서 성공하는 아이로 성장하는 데 중요한 밑거름이 된다. 아이들의 가능성을 믿고, 다양한 경험을 제공하며, 적극적으로 대화하는 부모님의 역할이 무엇보다도 중요하다.

AI를 이기는 경쟁력을 가진 아이들

어느 날 아이가 물었다.
"엄마, 나는 로봇보다 똑똑해질 수 있을까?"
AI 기술이 빠르게 발전하면서 많은 직업과 역할이 자동화되고 있다. 하지만 아무리 뛰어난 AI도 대체할 수 없는 것이 있는데 그것은

바로 '인간다움'이다. 인간만이 지닌 공감력과 창의력은 AI가 흉내 낼 수 없는 고유한 능력이다. 이러한 역량을 키우는 교육이 그 어느 때보다 중요해진 요즘이다.

우리 아이들이 'AI를 이기는 경쟁력을 가진' 아이들이 되려면 크게 두 가지, 공감력과 상상력이 필요하다. 일단, 타인의 마음을 읽을 수 있는 공감력은 사람만이 할 수 있다. AI는 데이터 기반으로 분석하고 예측하는 데 뛰어나지만, 인간처럼 타인의 감정과 상황을 진심으로 이해하고 공감하는 능력은 가질 수 없기 때문이다.

공감은 사람 간의 신뢰와 협력을 형성하는 기본 요소이다. 아이가 공감력을 키우면 친구, 가족, 동료와 더 깊은 유대감을 형성하며 원만한 사회생활을 할 수 있다. 공감력을 키우는 방법은 다양하다.

▶ **감정 표현 연습**: 아이가 자신의 감정을 솔직하게 명확하게 말할 수 있도록 연습하기
▶ **역지사지 활동**: 이야기를 읽거나 영화를 본 후, "주인공이 왜 그렇게 행동했을까?", "너였다면 어떻게 행동했을까?" 질문 해보기
▶ **봉사 활동**: 어려운 상황에 있는 사람들을 돕는 경험을 통해 타인의 입장 이해하기

다음으로, AI가 흉내 낼 수 없는 인간의 특징은 '새로운 생각을 하는 힘'이다. 이러한 상상력을 기반으로 우리는 현대의 문명을 일구

었다. 또한 상상력을 기반으로 아무도 생각하지 못한 새로운 아이디어를 만들어 내는 창의력이 발휘될 수 있다. 특히 4차 산업혁명 시대에는 복잡한 문제를 해결하고 새로운 가치를 창출하는 능력이 더욱 중요해질 것이다. 다음은 가정에서 할 수 있는 창의력을 키우는 방법이다.

- ▶ **개방형 질문 던지기**: "만약 네가 나무와 대화할 수 있다면 무슨 이야기를 나누고 싶어?" 같은 정답이 없는 질문을 통해 사고를 확장시키기
- ▶ **실험과 탐구 활동**: 유아에서부터 초등 시기까지 과학 실험, 공작, 예술 활동 등 다양한 경험을 통해 상상력을 자극하기
- ▶ **독서와 상상력 훈련**: 판타지 소설이나 과학 소설을 읽고, "이 이야기의 결말을 새롭게 만들어 볼래?" 같은 활동 나누기

공감력은 인간관계를 형성하고 사회를 유지하는 데 필수적이며, 상상력은 문제를 해결하고 미래를 만들어 가는 핵심 능력임이 틀림없다.

우리 아이들을 AI와 공존하며 인간다운 가치를 빛낼 수 있는 인재로 성장시키는 것. 이것은 단순히 부모의 욕심이 아니다. 이것은 미래를 살아갈 우리 아이들의 '지속가능한 삶'을 위해 없어서는 안 될 준비물에 가깝다. 우리는 아이들과 함께 더 나은 미래를 만들어

갈 수 있다. '기술이 우리를 도울 때, 인간다움이 세상을 이끌 수 있다'는 명언을 떠올려 보자.

디지털 시대의
교육 전략

디지털 시대 부모의 역할

나는 2013년부터 지금까지 마케팅회사를 운영하고 있다. 프랜차이즈 본사에 근무하며 마케팅 업무를 했고, 이를 경험 삼아 시작한 사업이 지금까지 이어지고 있다. 처음은 취미로 시작한 블로그였다. 첫째가 태어나고 나서 아이의 사진을 찍어서 업로드하기 시작한 체험단, 서포터즈 활동이 블로그 대행 관리로 이어지고 있다.

블로그를 잘 운영하기 위해 다양한 스킬이 필요했다. 첫 번째, 사진을 잘 찍어야 했다. 당시는 스마트폰이 막 보급되기 시작한 시점이라 카메라의 화질이 좋지 않았다. DSLR 카메라를 구입했고 사진을 잘 찍기 위해서 공부도 했다. 공부하면 할수록 만족스러운 사진을 찍을 수 있게 되었다.

그리고 사진 보정 및 이미지 디자인을 위해 포토샵을 공부했다. 잡지를 구해서 상품 홍보 디자인을 보며 디자인 감을 익혔다. 디자인 전문가는 아니지만 깔끔한 이미지를 만들 수 있게 되었다. 영상 편집도 필요했다. 짧게 찍은 영상들을 편집해서 올렸다. 아, 돌이켜 생각해보면 이때 유튜브를 시작했으면 지금 대박이 나지 않았을까?

다시 본론으로 돌아오자. 나는 블로그 대행으로 온라인에서 상품과 매장을 알리는 일을 돕기도 하지만, 동시에 세 아이의 아빠다. 세 아이 모두 초등학생이다. 아이들은 공부할 때 빼고는 항상 스마트폰으로 뭔가를 하고 있다. 처음엔 이런 모습이 눈에 밟혔던 것이 사실이다.

다양한 시도를 했다. 스마트폰 차단, 압수도 했었다. 칭찬과 회유도 해봤다. 그리고 내린 결론은 '아이들이 하루 종일 공부할 수는 없기에 스마트폰을 가지고 노는 것을 완전히 막지는 못한다'였다. 우리 아이들의 승리라고 봐야 할까? 어쨌든 이러한 경험을 통해 나는 스마트폰을 잘 가지고 놀게 하는 것도 디지털 시대 부모의 역할이 아닐까 생각한다.

스마트폰, 뺏는 대신 제대로 활용하게 하는 법

나는 아이들이 사진을 다양하게 찍어보게 한다. 카메라에는 다양한 기능들이 있다. 그 기능을 적극 활용해서 인물, 풍경, 사물 사진을 찍어보게 한다. 요즘은 그 중요성이 예전보다 강조되고 있는 것이 구도이다. 사진 찍을 때 구도는 정말 중요하다. 유튜브에는 사진 구도를 잘 잡는 팁을 알려주는 영상들이 많다. 기억해 뒀다가 구도를 잡고 찍어보는 것도 좋다.

영상을 찍어보는 것도 추천한다. 여기에 아이들이 리포터가 되어서 뭔가를 설명하도록 하는 경우 스피치 실력도 늘게 된다.

사진/영상 편집 어플이 참 많다. 대부분 쉽고 편하게 접근이 가능하다. 내장된 다양한 템플릿을 활용하면 고퀄리티의 영상을 만들 수 있다. 최근에는 AI를 이용해 영상을 제작하기도 한다. 내가 찍은 사진/영상으로 다양한 콘텐츠를 만드는 것은 분명 좋은 공부가 된다고 믿는다. 그 과정에서 아이들도 재밌어한다.

아이들과 함께 SNS를 운영해 보는 것도 추천하는 편이다. 공개된 온라인 공간이라 염려되는 부분이 있다면, 댓글이나 방문자 수에 집착하지 않도록 계정을 비공개로 하거나, 부모가 계정을 관리하는 것도 방법이다. SNS를 운영하다 보면 사진/영상 편집에 자연스럽게 관심을 갖게 되고 글쓰기 실력도 자연스레 좋아진다.

우리 아이들은 '스마트폰을 쓸 수밖에 없는' 시대를 살고 있다. 아이들은 스마트폰으로 거의 모든 것을 한다. 스마트폰으로 소통하고 정보를 얻고 친구들과 함께 논다. 어쩔 수 없이 사용하는 스마트폰이라면 뭔가를 배울 수 있도록 만들어 주는 것이 어떨까. 다양한 콘텐츠를 보고 직접 만들어 보는 습관을 가져 보는 것. 나중에 과제를 하거나 취업했을 때, 아이들에게 큰 도움이 될 것이다.

2년 전, 5개 권역 19개 대학을 대상으로 한 취업박람회에 면접관으로 참여한 적이 있다. 박람회에 참여한 학생들 대부분은 마케팅 관련 전공자들이었다. 그러나 그들 중 스마트폰에 사진/영상이 가득하지만 이를 직접 편집하거나 SNS를 운영하는 학생들은 거의 없었다. 당시 나는 촬영, 편집, 웹디자인, SNS 운영 등의 스킬들을 가지고 있으면 나중에 큰 도움이 된다고 조언했다. 뻔한 조언일지 모르지만 이를 실천하는 건 또 다른 문제다.

아이들 손에서 스마트폰을 놓게 하는 건 힘들다. 하지만 놀이처럼 이런 스킬들을 습득한다면, 이 시대를 살아갈 아이들에게 분명 큰 도움이 될 것이다.

아이들의
돈 공부

경제를 아는 아이가 미래를 설계할 수 있다

"여러분은 '돈'을 무엇이라고 생각하나요?"

평소 부모교육을 할 때면 이러한 질문으로 시작한다. 그럼 누군가는 '돈은 쓰기 위한 것'이라고 답하고, 또 누군가는 '돈은 모으기 위한 것'이라고 한다. 그러나 내 생각은 다르다. 나는 '돈은 선택하기 위한 것'이라고 생각한다. 돈은 쓰기 위한 것도, 모으기 위한 것도 아니다. 인생에서 내가 원하는 것을 '선택'하기 위해 우리는 돈을 알아야 한다. 이는 우리 아이들에게도 마찬가지다.

나는 평소에 아이에게 돈의 가치를 알려주기 위해 노력한다. 그동안 많은 기회를 놓쳤기 때문이다. 아이가 '엄마, 이거 꼭 사야 해요?'

라고 물으면 '필요하니까 사야지!'라고 단순하게 답했던 나였다.

그러던 어느 날 '엄마 그럼 이건 필요 없는 거야?'라는 질문을 받은 순간, 나는 깨달았다. 아이에게 돈의 가치를 제대로 알려주지 못하면, 아이는 앞으로의 인생에서 무엇을 선택해야 할지 계속 혼란스러울 거라는 것을.

1. 용돈 관리

경제의 기본은 용돈 관리부터 시작된다. 아이에게 매달 일정 금액의 용돈을 주지만 단순히 용돈을 '주는' 것에서 끝나지 않는다. 아무런 제약과 방법 없이 용돈을 주면 아이는 돈을 흥청망청 쓰거나, 무엇이 중요한 소비인지 고민하지 않게 된다. 따라서 간단하지만 명확한 용돈 사용 규칙을 세워주는 것이 중요하다. 이 과정에서 아이들은 '돈 다루는 법'을 배울 수 있다.

우리 집의 용돈 사용은 크게 세 가지로 나뉜다. 50%는 소비, 40%는 저축, 그리고 나머지 10%는 기부가 그것이다.

▶ **저축(50%)**: 미래의 큰 소비나 목표를 위해 저축하는 비율

▶ **소비(40%)**: 필요한 물건이나 원하는 것에 사용하는 금액

▶ **기부(10%)**: 다른 사람을 돕거나 사회에 환원하는 금액

예를 들어, 매주 1만 원의 용돈을 받는다면 5천 원은 저축, 4천 원

은 소비, 1천 원은 기부에 사용하도록 한다. 이 규칙은 아이들에게 자연스레 돈의 역할과 가치를 가르쳐준다.

2. 용돈기입장 쓰기

어디에 돈을 썼는지 모르면 관리할 수도 없다. 그래서 아이에게 용돈기입장 쓰기를 가르쳐 준다. 용돈기입장 쓰기는 단순한 공책이나 스마트폰 앱으로도 시작할 수 있다. 용돈기입장에 날짜, 용돈 사용처, 금액, 잔액을 쓰도록 한다. 기입장을 쓰다 보면 아이는 자신의 소비 습관을 파악할 수 있고, 계획적인 지출을 연습하게 된다.

종종 아이들은 용돈을 받았을 때 무엇부터 사야 할지 몰라 당황한다. 아이와 함께 소비의 우선순위를 정하는 시간을 가지는 것도 매우 중요하다. 예를 들어, 이번 달에 '꼭 필요한 물건'과 '구매를 미룰 수 있는 물건'을 구분하는 것이다. 이 과정을 통해 아이는 자기주도적인 소비 습관을 기를 수 있다.

아이들의 용돈 관리 성공 여부는 부모의 적극적인 관심에 달려 있다. 매월 1회, 자녀와 함께 용돈 상담시간을 가져야 한다. 이때 부모는 아이가 세운 규칙을 점검하고, 아이의 의사를 존중하며 아낌없는 칭찬을 해줘야 한다. 예를 들어 "저축 목표를 얼마나 달성했어?", "다음 달에는 어떤 계획을 세울래?" 같은 대화는 아이에게 돈 관리에 대한 책임감을 심어준다.

용돈은 아이들이 경제관념을 배울 수 있는 매우 훌륭한 도구이다.

단순히 돈을 주는 것에 그치지 말고 규칙, 기록, 계획이라는 세 가지 원칙을 통해 자녀가 올바른 돈 관리 습관을 기를 수 있도록 돕자. 나는 이것이 부모의 역할 중 하나라고 생각한다. 작은 실천이 아이의 미래 경제생활을 탄탄히 만들어 줄 것이다.

3. 목표 저축

한번은 가족 여행을 계획하며, 아이에게 특별한 제안을 했다.

"이번 여름 여행에서 네가 모은 돈으로 우리 가족 한 끼 식사 값을 지불해볼래?"

처음에 아이는 웃으며 고개를 저었다. 하지만 결국 도전해 보기로 했다. 매달 저축한 돈이 조금씩 쌓였고, 여행 날이 다가오자 스스로 큰 자부심을 느꼈다. 어느 식당에서 먹을지 장소도 정해보고, 식사 값도 미리 따져보았다. 그리고 실제로 우리 가족 4명의 점심값은 아이가 지불했다. 작은 책임감과 자립심을 배우는 과정에서 아이는 경제를 자연스럽게 배워간다.

한 연구에 따르면, 어린 시절에 용돈 관리법을 배운 아이는 성인이 되어서도 자산 관리와 재정적 의사결정에서 더 뛰어난 능력을 보인다고 한다. 비슷한 연구에서는 저축, 소비, 그리고 투자에 대한 기본 개념을 일찍 익힌 아이들은 성인이 되어 재정적 자유를 누릴 가능성이 훨씬 높다고 한다. 반대로 돈을 어떻게 '관리'해야 하는지 배우지 못한 아이들은 소비 습관을 통제하지 못하고, 성인이 된 후 카

드빛 상환, 과도한 소비로 어려움을 겪을 확률이 높다는 사실도 알려져 있다. 이 이야기를 들었을 때, 우리 아이가 후자의 길을 걷게 하고 싶지 않다는 생각이 들었다.

다시 강조하고 싶다. 용돈은 단순히 아이들에게 돈을 '주는 것'이 아니라, '돈을 다루는 기술'을 배우게 하는 중요한 도구이다. 우리 아이가 미래에 더 큰 경제적 자유를 누리고, 스스로 인생의 방향을 설계할 수 있도록 돕는 것은 지금 우리가 시작해야 하는 일이다.

길다혜

16년 동안 유치원생부터 고등학생까지 폭넓은 연령대의 학생들을 지도한 영어 교육 전문가다. 튼튼, 천재영어 등 국내 여러 교육회사와 어학원, 입시학원에서 근무하며 강사와 교육팀장을 역임했다. 우수한 수업 역량을 인정받아 많은 교육기관으로부터 스카우트 제의를 받으며, '가장 잘 가르치는 선생님'이라고 불렸다.

현재는 독립하여 학생 개개인의 잠재력을 극대화하고, 스스로 목표를 세우고 성취할 수 있는 맞춤형 학습 시스템을 운영하고 있다. 지금까지 3,000명 이상 학생을 직접 지도하며, 많은 학습 부진 학생들을 상위권으로 이끌었다. 로젠탈 효과와 자기효능감 이론에 기반하여 학생들이 스스로에 대한 확신을 가질 때, 그들의 학습 태도와 성취가 변화한다는 믿음으로 학생들을 지도하고 있다. 라랑스잉글리쉬 자기주도지도사, 능률빌드앤그로우 문법지도사, 영어논술지도사 등 다수의 자격증을 보유하고 있으며, 꾸준히 학습 동기와 자기조절 학습에 대해 연구하고 있다. 그동안 학생들을 지도하며 축적한 교육 노하우와 학생들이 '할 수 있다'는 자신감을 갖게 만든 경험을 바탕으로, 자녀 교육에 고민이 많은 독자에게 실질적인 도움을 주고 싶어 이 책을 쓰게 됐다. 중등 정교사 자격증을 소지했으며, 교육대학원에서 석사 학위를 받았다. 최근에는 세바시 강연에 출연해 가슴 뭉클한 이야기를 세상에 전하기도 했다.

김경미

28년 교육 전문가. 대학과 대학원에서 영어영문학을 전공, 고려대에서 수학을 공부했다. 외국어 학원에서 첫 사회생활을 시작으로 학원 업무를 익혀 이를 바탕으로 학원을 시작했다. 약 28년 동안 아이들과 함께 생활하며 배움의 즐거움이 무엇인지, 성취감을 느끼며 심신이 건강한 사회인이 되도록 교육하고 있다. 주입식 수업이 아닌 사고력과 추론력을 높일 수 있는 문답식 수업과 자기주도 수업에 주력, 아이들이 스스로 공부할 수 있게 수천 명의 아이들이 원하는 대학에 진학할 수 있게 지도하고 있다.

대한불교조계종 산하 단이슬어린이법회와 청소년법회에서 교사로 활동하고 있으며, 아이들이 바른 심성을 가지고 행복한 삶을 영위할 수 있게 활동하고 있다.

김재원

외길 20년 영어 교육 전문가. 사범대학에서 영어 교육을 전공하고, 지금까지 교육이라는 한 길만 걸어왔다. 화상영어 업체를 운영하며, 한국지사 겸 영어학원인 '초콜릿영어학원'을 설립했고, 현재까지 한 자리에서 15년 차로 지역에서 가장 오래된 영어학원이자 1년 내내 대기가 있는 학원으로 입지를 굳혔다.

대한민국경제신문에 영어교육칼럼을 연재하는 칼럼니스트로도 활동 중이며, 유튜브채널 '김레이첼'을 운영하며 대한민국 학생들에게 양질의 영어 강의를 제공한다.

2024 대한민국교육신문 眞心 교육대상, EVT 영어 보컬 트레이너, 미국 WVC 테솔 수료 등 두 아이의 엄마로서, 선생님으로서 끊임없이 연구하고 성장하는 모습으로 아이들에게 동기부여를 하고 있다. 영어만 잘하는 아이가 아닌, 마음의 성장도 함께 챙길 줄 알게 하는 '진정한 영어 교육'을 실천하고 있다.

김현주

20년 영어 교육 전문가. 서울대 의대, 연대 의대, 고대, 서강대, 숙대, 간호사관학교 등 수많은 학생의 좋은 대학입시 멘토로 활약하고 있다. 유치부터 대학 입시까지 아우를 수 있는 국내 몇 안 되는 전문가로, 현재 영어 유치원 운영에 집중하고 있다. 급변하는 AI 시대에 어떻게 아이들을 길러야 하는지, 교육의 본질은 무엇인지를 거듭 고민하며 현장에서 적용하고 있다. AI가 가질 수 없는 인류의 지혜를 습득할 수 있도록 'IQID(1 Question 1 Day) 커리큘럼'을 만들었다. 이는 조선왕조의 영재교육이었으며, 세종대왕의 밥상머리 교육의 핵심이다. 저자는 항상 새로운 것을 찾아 적용하려고 노력하고 있다. 지난봄 세바시 무대에 출연하기도 했다.

류지호

온오프라인 마케팅 전문가로 3년 전부터 온라인 커뮤니티를 만들어 학원 원장 대상 마케팅 교육을 하고 있다. 세 아이의 아버지이자 직원들을 이끌어가는 회사 대표이자 교육자로서 이번 기획을 통해 아이들 교육에 대한 메시지를 전한다.
한국관광공사 관광두레 홍보지정업체로 선정된 JH 플래닝의 대표이사로 역임하고 있으며, 경남 지역의 관광 사업체 마케팅 일을 지원하고 있다. 마케팅 비용을 부담하기 힘든 1인 학원/교습소가 직접 마케팅할 수 있게 노하우를 교육하며 챌린지와 피드백을 병행하고 있다. 여전히 다양한 활동으로 불경기에 힘든 소상공인들에게 큰 힘을 주는 메시지를 전하고 있다.

문나영

차가운 이성과 따뜻한 공감 능력을 동시에 갖춘 수학 교육 전문가. 공과대학에서 시작해 아동심리학, 청소년심리학, 노인심리학까지 폭넓게 공부하며 다양한 경험을 쌓았다. 대학생 시절 개인 강습을 시작으로, 졸업 후에도 전문 과외 교사로 활동하면서 입소문만으로도 많은 학생이 찾아오기도 했다. 학생들을 지도하며 '킬러문학'을 잘 푸는 고등학생은 공통적으로 어릴 때부터 수학을 제대로 배웠다는 데 착안하여 유아수학과 교구수학으로 전문 분야로 전향했다. 영재부터 학습 속도가 느린 아이들까지, 각자의 특성에 맞는 교육 방법을 찾아 지도하는 것, 모든 아이의 고유한 재능과 학습 스타일을 존중하며 가장 적합한 교육 방식을 적용하는 데 매우 탁월하다.
디딤돌출판, 천재교육의 홍보위원이자 미래엔, 천종현연구소, 이지스에듀의 참고서 검토위원으로 활동하며 학생 지도뿐 아니라, 국내 수학 교육 자료의 질을 높이는 데 기여하고 있다. 이 책에서는 학생들의 비판적 사고력과 의사소통 능력을 향상시키는 방법을 다룬다.

서민재

초등교사 출신 글쓰기 컨설턴트로 이 책의 총괄 기획 및 운영 전반을 담당했다. 아무리 시대가 변하고 입시가 수시로 달라져도 변하지 않는 교육의 가치와 본질에 대해 끊임없이 고민하고 또 고민했다. 같은 마음을 가진 동료 작가님들을 만나게 되면서 이 책을 집필하게 됐다. 자기계발서를 시작으로 에세이/소설, 기획출판과 독립출판, 개인 저서와 공저까지 출판에 있어 모든 분야를 경험하고 공부했다. 그 경험을 바탕으로 평범한 사람들이 책 쓰기와 경제적, 개인적 성장을 돕고 있다. 단순히 책을 쓰고 끝나는 것이 아니라, 책을 발판으로 자신을 브랜딩하고 수익화하는 방법에 대한 독보적인 콘텐츠를 바탕으로 사람들을 만나고 있다.

송수옥

엄마표로 시작한 공부방이 4시간 일하며 월 1,000만 원 버는 공부방이 되었다. 두 아이를 키우던 엄마가 지역 입소문을 타고, 아이들과 소통하는 문전성시 공부방 원장이 되었다. 현재는 저변을 넓혀 황혼 육아를 하고 계신 어르신들을 위한 검정고시 대비반, 독서모임을 운영 중에 있다.

수학·문해력 교육 전문가로, 제2의 인생을 살면서 엄마표 수업에서부터 지금까지 과정을 《엄마표 수업하는 육아맘의 공부방 창업 수익화 노하우》전자책으로 출판하기도 했다. 이를 통해, 엄마들의 창업을 지원하는 컨설팅도 함께 진행하고 있다. 또한 40대 엄마들과 '인생의 후반전을 어떻게 살아야 할까'를 고민하며 전자책《인생 후반전에 쏘아 올린 공은 무엇일까》를 공저로 집필했다. 디딤돌출판사, 솔피북스의 수학교재의 검토위원으로 활동했으며, 독서 기반의 수학 수업은 디딤돌 온라인커뮤니티에서 큰 호응을 얻고 있다.

안소연

대학에서 심리학과 영어·영미문화를 전공하고, 대학원을 거치며 교육 현장에서 필요한 다양한 역할을 익히며 성장했다. 셀트리온 부사장 비서로 첫 커리어를 시작하며 체계적인 업무 처리와 소통 능력을 다졌고, 그 후 영어유치원과 영어학원에서 교수부장으로 아이들에게 영어 교육의 즐거움을 심어주며 교육자로서의 길을 걷고 있다. 3년 연속 최우수 교사상을 수상해 교육자로서 역량을 인정받기도 했다.

지식뿐 아니라, 심리학에 기반을 두어 마음 근력 강화를 통해 학생들에게 마음 성장을 이끌고 있다. 또한 책임감과 진심 어린 봉사를 바탕으로 아이들과 지역 사회를 위해 끊임없이 노력하고 있다. 교육 외에도 시즌드 3기에서 최우수 파트너로 선정된 바 있으며, 앞으로도 교육과 봉사를 통해 세상에 긍정적인 변화를 만들어 나갈 것이다.

윤지숙(캐서린)

국내 최초 영어체육 스타트업 '랭핏' 대표
창업가를 지원하는 마케터이자 브랜드 사업가

- 세바시(세상을 바꾸는 시간 15분) 대학 무대 3회
- 학생과 학부모, 창업가 등 상담 횟수 40,000회 이상

영어체육 전문가, 에듀테크(학원 및 콘텐츠 기업) 창업가, 음반 제작 및 가수, 디자인 기획사 등 1인 기업가, 교재 출판업, 컨설턴트, 그리고 무형과 유형의 가치를 파는 마케터이자 브랜드 사업가로서 총 7개의 직업을 가지고 도전하는 삶을 살고 있다.

21년간 영어를 가르치며, 전혀 어울리지 않을 것 같은 '영어'와 '체육'을 융합해 새롭고 효과적인 학습법을 개발했다. 새로운 학습법으로 아이들을 가르치며 새롭게 알게 된 것들을 이 책에 고스란히 담았다. 또한 보통 사람보다 더 많은 결핍과 위기를 겪었던 캐서린은 매번 절실하게 몰입하여 위기를 기회로 바꾸었던 과정(생각법)을 담은 첫 책 《단순하게 몰입한다는 것》을 출간했다.

이주희

20년 차 미술 교육 전문가이자 3개의 교육원을 운영하고 있는 대표이다. 미술이라는 치유제가 주는 따뜻함, 동반된 심리적 해소에 관심을 갖고, 대학원에서 심리치료 석사를 취득했다. 마음의 감기를 달고 사는 요즘 아이들에게 '미술'이라는 도구를 통해 함께 고민하고, 아이들의 건강한 성장을 돕고 있다. 마음의 감기로 모두가 힘든 시대, 아이들 스스로 회복할 수 있는 미술 치유 현장의 이야기를 이 책에 담았다.

학원을 시작으로 각종 학교, 문화센터, 평생교육원, 지역 아동센터, 지역 보건소, 박물관, 국회의원 사무실, 시청 등 다양한 기관에서 미술 수업뿐 아니라 지도자 강의, 미술치료, 교재 개발, 전시기획, 행사 총괄 벽화 작업까지 광범위하게 활동하고 있다.

어린이를 위한 그릿의 힘

엘리사 네불신 지음 | 정미현 옮김 | 160쪽 | 14,000원

그릿을 키울 수 있는 8가지 힘. 28가지 연습을 통해 우리 아이에게 꼭 필요한 회복탄성력과 성장형 사고방식을 기를 수 있다.

눈으로 배우는 수학

어린이클럽 편저 | 이용택 옮김 | 시미즈 요시노리 감수 | 96쪽 | 12,000원

눈으로 보고 손으로 만지며 수학에 빠져든다! 따분한 교과서를 벗어나 일상에서 만나는 친근하고 흥미진진한 수학 이야기를 통해 수학의 재미에 푹 빠져보자.

우리 아이 자존감을 키우는 부모 수업

호시 이치로 지음 | 김현희 옮김 | 244쪽 | 15,000원

일본의 저명한 심리치료사이자 자녀교육 전문가인 저자는 '아들러 심리학'을 육아강좌에 도입했다. 아들러 심리학 비법을 통해 우리 아이 자존감을 키워보자.

10대를 위한 1분

김세유 지음 | 272쪽 | 12,000원

이 책에서는 10대 청소년들에게 스마트폰에서 찾을 수 없는, 진정한 '관계'의 소중함을 깨닫게 한다. 상처받은 마음을 치유받을 수 있는 힐링의 시간을 보낼 것이다.

이렇게 공부하는 아이가 이깁니다

초판 1쇄 발행 2025년 4월 25일

지은이 길다혜, 김경미, 김채원, 김현주, 류지호, 문나영,
  서민재, 송수옥, 안소연, 윤지숙, 이주희
발행처 이너북
발행인 이선이

편 집 심미정
디자인 이유진
마케팅 김 집, 송희준

등 록 2004년 4월 26일 제2004-000100호
주 소 서울특별시 마포구 백범로 13 신촌르메이에르타운 II 305-2호(노고산동)
전 화 02-323-9477 | **팩스** 02-323-2074
E-mail innerbook@naver.com
블로그 blog.naver.com/innerbook
포스트 post.naver.com/innerbook
인스타그램 @innerbook_

ISBN 979-11-94697-03-9 (03370)

이너북은 독자 여러분의 소중한 원고 투고를 기다리고 있습니다.
원고가 있으신 분은 innerbook@naver.com으로 보내주세요.